国学馆【双色版】

冰鉴

［清］曾国藩◎著

冯慧娟◎编

辽宁美术出版社

图书在版编目（CIP）数据

冰鉴/（清）曾国藩著；冯慧娟编. -- 沈阳：辽
宁美术出版社，2017.10（2019.6 重印）

（众阅国学馆）

ISBN 978-7-5314-7794-5

Ⅰ.①冰… Ⅱ.①曾… ②冯… Ⅲ.①人才学—中国
—清代 Ⅳ.① C96-092

中国版本图书馆 CIP 数据核字 (2017) 第 261674 号

出 版 社：辽宁美术出版社
地　　址：沈阳市和平区民族北街 29 号　邮编：110001
发 行 者：辽宁美术出版社
印 刷 者：三河市燕春印务有限公司
开　　本：787mm×1092mm　1/32
印　　张：5
字　　数：94 千字
出版时间：2017 年 10 月第 1 版
印刷时间：2019 年 6 月第 2 次印刷
责任编辑：田德宏
装帧设计：彭伟哲
责任校对：郝　刚
ISBN 978-7-5314-7794-5

定　　价：25.00 元

邮购部电话：024-83833008
E-mail：lnmscbs@163.com
http://www.lnmscbs.cn
图书如有印装质量问题请与出版部联系调换
出版部电话：024-23835227

前　言

　　五百年来，能够以书生而克平世乱，戎马倥偬间亦为学不倦，并把学问事业均磨炼成功之人可谓极少，而曾国藩居其一。

　　曾国藩于晚清社会十年七迁，从七品一跃而为二品大员，创造了清廷任官的奇迹。他被封为一等勇毅侯，成为清代以文人而封武侯的第一人，后又历任两江总督、直隶总督，官居一品，死后被谥"文正"，成为时人推崇的末世圣人。他在清王朝由盛转衰、内忧外患接踵而来的动荡环境中，以一介儒生力挽狂澜，成为"中兴第一名臣"。其崛起对当时的中国社会影响深远。毛泽东曾在1917年致友人的信中说："吾于近人，独服曾文正。"

　　曾国藩一生著述颇丰，这些被人们称为"曾氏绝学"的作品，在人际关系多样化、复杂化的今天仍有着极高的参考价值。它涉及家庭教育、道德修养、军事谋略、读书治学等方方面面……

冰鉴

《冰鉴》是曾国藩谋略中的重要部分。"冰鉴"一词，取其以冰为镜，明察秋毫，知面知心之意，提出鉴别人才的各种方法和途径。曾国藩提出此种观人之术，目的是选贤任能。全文体小思精，言简意深。曾国藩凭自身的阅历总结的鉴人观人之法在今天仍然有重要的启发意义和实用价值。

　　而《家书》则是曾国藩为教育子弟所写，是研究其思想、生平、学术乃至近代中国历史的宝贵资料。《家书》所涉及范围并不局限于家庭伦理，还扩展到处世、治军、治学、谋略等诸多方面。

　　总之，这些经典著述都是对中国传统文化的传承和发展，是曾国藩修身、齐家、治国、平天下经验的总结，在现代社会的大环境中依然具有借鉴价值。

目录

冰

鉴

目录

冰 鉴

观人识鉴之术

冰鉴
BING JIAN

神骨一

语云："脱谷为糠，其髓斯存"，神之谓也。"山骞不崩，唯石为镇"，骨之谓也。一身精神，具乎两目；一身骨相，具乎面部。他家兼论形骸，文人先观神骨。开门见山，此为第一。

【译文】

俗话说："稻谷的外壳分离出来就是没有多大用途的谷糠，但稻谷的精华——米仍然存在着，不会因外壳磨损而丢失。"这个精华，犹如人的神，是一个人的内在精神状态。俗话又说："山岳表面的泥土虽然经常脱落流失，但山不会倒塌破碎，因为山有坚硬的岩石支撑着。"这里所谓的镇山之"石"，就相当于支撑人形体的骨骼。一个人的精神状态，主要集中在他的眼睛里；一个人的骨骼丰俊，主要集中在他的面孔上。别家相术相一般人的面时，已经能够谈及人的形骸骨骼，而文人相"文人之相"时则先观察他的"神骨"。所以本书开门见山，将"神骨说"放在第一篇来讲。

神骨二

文人论神，有清浊之辨。清浊易辨，邪正难辨。欲辨邪正，先观动静。静若含珠，动若木发；静若无人，动若赴的，此为澄清到底。静若萤光，动若流水，尖巧而喜淫；静若半睡，动若鹿骇，别才而深思。一为败器，一为隐流，均之托迹于清，不可不辨。

　　文人在研究、观察人的"神"时，一般都把"神"分为清明和愚浊两种类型。神骨的清明和愚浊是比较容易区分的，但是"清"中的正与邪，即奸邪与忠正，则不容易分辨。如果想要分辨邪与正，应该先观察他处于动和静两种状态下的表现。安静时目光沉稳又暗含光辉，真情内蕴，宛如两颗晶莹的明珠含而不露，行动时目光敏锐犀利，精光闪烁，宛如春天树木抽出的新芽；安静时目光清明澄澈，不为他物所扰，旁若无人，行动时目光锐利灿然，宛如瞄准目标，一发中的。以上这两种神态，澄澈清明，清到极点，是"清"中纯正的神态。安静时目光像萤火虫一样昏暗不明，闪烁不定，行动时，目光像流水一样无所归附，游移不定，以上两种神情一种是善于掩饰，一种是奸邪之意在内心萌动；安静时目光似睡非睡，似醒非醒，行动时目光像受惊的小鹿一样惶惶不安，以上这两种目光，一则是有智有能而不循正道的神情，一则是深谋图巧又怕别人窥见他的内心的神情。具有前两种神情者多是品行有瑕疵之辈，具有后两种神情者则是合而不发之人，两种都属于奸邪的神情，可是它们都混杂在清明的神情中，是观察神情时必须仔细加以辨别的。

冰鉴

神骨三

凡精神，抖擞处易见，断续处难见。断者出处断，续者闭处续。道家所谓"收拾入门"之说，不了处看其脱略，做了处看其针线。小心者，从其做不了处看之，疏节阔目，若不经意，所谓脱略也。大胆者，从其做了处看之，慎重周密，无有苟且，所谓针线也。二者实看向内处，稍移外便落情态矣，情态易见。

【译文】

大凡观察识别人的精神状态，那种只是在那里故作振作的，或还是真的精神抖擞的，都是比较容易分辨的，而那种介于假振作和真抖擞之间的神态就比较难以识别了。精神不足是由于故作抖擞并表现于外，而精神有余则是由于自然而生并且蕴含于内。所以道家有"收拾入门"的说法，用于观察神态，尚未去掉杂念不能以静待动的时候，要观察他行动的轻慢不拘，已经去掉杂念能够以静待动的时候，要着重看他精细周到的方面。对于小心谨慎的人，要从尚未摒除杂念，不能以静待动的时候去看他，这样就可以发现，他愈是小心谨慎，他的举动就愈是不精细周密，总好像漫不经心的样

老年曾国藩像

冰鉴

〇〇四

子，这种精神状态，就是所谓的轻慢不拘。对于性情豪放率直的人，要从已经摒除杂念，能够以静待动的时候去看他，这样就可以发现，他愈是率直，他的举动就愈是周密，他愈是豪爽，他的举动就愈是一丝不苟，这种精神状态，就是所谓的精细周密。所谓"脱略"和"针线"这两种精神状态，实际上都存在于人的内心世界，但只要它们稍微向外一流露，立刻就会变为情态，而情态是比较容易看到的。

神骨四

骨有九起：天庭骨隆起，枕骨强起，顶骨平起，佐串骨角起，太阳骨线起，眉骨伏犀起，鼻骨芽起，颧骨若不得而起，项骨平伏起。在头，以天庭骨、枕骨、太阳骨为主；在面，以眉骨、颧骨为主。五者备，柱石之器也；一则不穷；二则不贱；三则动履稍胜；四则贵矣。

【译文】

九贵骨各有各的形态：天庭骨丰隆饱满，枕骨充实显露，顶骨平正而突兀，佐串骨像角一样斜斜而上，直入发际，太阳骨直线上升，眉骨骨棱显而不露，隐隐约约像犀角平伏在那里，鼻骨状如芦笋竹芽，挺拔而起，颧骨有力有势又不陷不露，项骨平伏厚实又约显约露。看头部的骨相，主要看天庭骨、枕骨、太阳骨这三处关键部位；看面部的骨相，则主要看眉骨、颧骨这两处关键部位。如果以上五种骨相完美无缺，此人一定是国家的栋梁之材；如果只具备其中的一种，此人便终生不会贫穷；如果能具备其中的两种，此人便终生不会卑贱；如果能具备其中的三种，此人只要有所作为，就会发达起来；如果能具备其中的四种，此人一定会显贵。

神骨五

骨有色，面以青为贵，"少年公卿半青面"是也。紫次之，白斯下矣。骨有质，头以联者为贵，碎次之。总之，头上无恶骨，面佳不如头佳。然大而缺天庭，终是贱品；圆而无串骨，半是孤僧；鼻骨犯眉，堂上不寿。颧骨与眼争，子嗣不立。此中贵贱，有毫厘千里之辨。

【译文】

骨有不同的颜色，而面部颜色以青色最为高贵，俗话说的"少年公卿半青面"就是这个意思。黄中透红的紫色比青色略次一等，面如枯骨着粉白色则是最下等的颜色。骨有一定的气势，头部骨骼以相互关联、气势贯通为高贵，互不贯通、支离散乱则略次一等。总之，只要头上没生恶骨，就是面相再好也不如头好。但是如果头大而天庭骨却不够丰隆，终究是卑贱的品位；如果头圆而佐串骨却隐伏不见，多半要成为孤寂的僧人；如果鼻骨冲犯两眉，父母必不长寿；如果颧骨紧贴眼尾而颧峰凌眼，必绝子孙后代。这里的富贵与贫贱差别，有如毫厘之短与千里之长，差别是非常大的。

◆ 神骨要义 ◆

观人面相之说，在中国由来已久。据传项羽年少时遇一老者，老者端详他许久，然后摇摇头，走了。项羽追上去询问，老者说，你将来会贵不可言，但是下场凄凉。后来，项羽大败乌江，看见蚂蚁排就的"项羽死于此"，又见后面汉军逼近，心里想

项羽像

起老者的话，大叫一声"天要亡我"，拔剑自刎。这是民间流传的说法，是否属实，我们尚不得知。但是识人相面之术看来是古已有之，并且历久未灭。

据说曾国藩善于察人，他的幕府中有不少贤才志士，对于他后来的建功立业起到了不可或缺的作用。曾国藩呕心沥血作出这本《冰鉴》，将自己识人察人的观点公示于众。

"神骨"为《冰鉴》之开篇，总领全书，当为全书总纲，同时也说明了曾国藩品鉴人物以神为主，形神并重。历代文人都重视外在的"神"、内藏的"骨"。观人的"神""骨"，犹如看门外的大山，门既打开，山势自然可见。山势既幽深，必有来龙去脉，既雄伟，必有深根厚基，自此喻人之命运，

冰鉴

〇〇七

其优劣高下，不言自明。

　　首先，这里的"神"并非日常所言的"精神"一词，它有比"精神"内涵广阔得多的内容，它是由人的意志、学识、个性、修养、气质、体能、才干、地位、社会阅历等多种因素构成的综合物，是人的内在精神状态。俗话说："人逢喜事精神爽。"而这里所论的"神"，不会因人一时的喜怒哀乐而发生大的变化，貌有美丑，肤色有黑白，但这些都不会影响"神"的外观，换句话说，"神"有一种穿透力，能越过人的外貌的干扰而表现出来。

　　"神"并不能脱离具体的物质基础而空空地存在，它肯定有所依附，这就是说"神"为"形"之表，"形"为"神"之依，"神"是蕴含在"形"之中的。"形"是"神"存在的基础，与"神"的外在表现紧密相关。如果"神"是光，"形"就是太阳和月亮，日月之光放射出来普照万物，但光又是深藏在日月之中的东西，它放射出来就是光。这就说明："神"藏于"形"之中，放射出来能为人所见，如光一样；"形"是"神"的藏身之处，但又与"神"有着千丝万缕、分割不开的物我关系，"神"必须通过"形"来表现。

　　这种复杂的关系，说明日常观人时，既要由"神"观"形"，又要由"形"观"神"，二者相反相成，相辅相依，不能完全割离开来而单独地看。

　　所以，曾国藩又仔细论证神之有余者应为何种情状，神之不足者、形之有余者、形之不足者各应为何种情状，以及这四种人的福禄寿命等。

　　《冰鉴》中所言的"骨"，并不是现代人体解剖学意义上的骨骼，而是专指与"神"相配，能够传"神"的那些头面上数量不多的几块骨。

接着，为比较形象地说明"神"和"骨"，曾国藩用了两个比喻，以便读者能充分地理解"神"和"骨"的奥妙。

稻谷的精华是米，米蕴藏在壳内，碾壳成糠，皮去掉了，精华犹在，也才有用。米未随糠去，因而"神"也不会因"形"（相貌等）去而消失。"神"与"形"，犹如"米"与"糠"。所以说"脱谷为糠，其髓斯存"。

"骨"外面有皮有肉，如高山之上有土有沙。骨骼是人体框架的根本支柱。骨之于人体，犹山石之于高山。泥土脱落流失，但山石岿然屹立，仍足以见其雄壮；人体相貌即使有什么损伤缺陷，但骨之丰俊神韵不会变化，仍足以判断人的显达。所以说"山骞不崩，唯石为镇"。

人们常用"双目炯炯有神"来描述一个人的精力旺盛、机敏干练。从这儿就会发现"目"与"神"之间千丝万缕的联系。按中医理论，眼睛与肝和肾是相通相连的。一个人肝有病变，从眼睛就可以看到一些征兆。如果一个人双目有神，精光暴露，熠熠生辉，表明肾气旺盛，身体状况良好，是健康的标志；反之，则表明精神状态不佳，缺乏活力，难以集中精力。

"一身精神，具乎两目"，就是《冰鉴》

铜冰鉴

对神与目关系的一种纲领性的总结。

　　《冰鉴》进一步总结道："一身骨相，具乎面部。"因为人的体能相貌，是由骨、肉内外联结而成的，骨与骨的连络，肉与肉的板结，骨与肉的内外包合，统一构成了人的外在形貌。由于骨起着框架和支撑作用，因而"骨相"的优劣，成为决定人的体貌美丑的首要因素。大脑是人的中枢神经所在，是人的指挥系统，头部骨骼的优劣，又成为整体骨骼优劣的"首长"。传统医学认为，头为群阳会集之府，五行正宗之乡，头骨为整体骨骼的代表，面骨又是头骨的代表，因而面骨之优劣能鉴头骨之优劣，进而可鉴全身骨骼之优劣。

　　讲述了"神"在观人中的提纲挈领的首要地位后，《冰鉴》再进一步论"神"存于心的情状，即通过人的内心活动来观察"神"。

　　一般来讲，人的精神，从其外显而言，可以分为两种：一为自然流露，一为勉强振作。所谓自然流露，是指有所见或有所感而发，完全出自内心的自然本真，显示出的情态举止自然而然，情真意切，毫无故意造作之态。所谓勉强振作，则与自然流露相反。

　　有丰富人生经验的人，能比较容易地看出他人是情真意切，还是故意造作。尽管人的情感和精神状态有不同的表现，可能会给辨别"神"的真假带来干扰，但综合人的各种言语行止表现，完全可以察看"神"之真假。

　　在观察人的精神状态时也是这样，即由外在的情态举止，去察探其隐伏在内的精神气质，窥视到他心灵深处真实的活动。

人的精神外显，如上所述，有自然流露和勉强抖擞之别。凡属自然者，出于真诚，无意作态，因此气终不绝，流露持久，其"神"自然有余，所以称为"续"。而勉强者，故意造作，缺乏真诚，因此底气不足，抖擞短暂，其"神"自然不足，所以称为"断"。"凡精神，抖擞处易见"，这是说，精神一旦振作起来，不论是真情流露的，还是故意造作的，当它显现时，都能看到它的振作；但这并不是一个人"神"的真实情况，这一种状态是不全面的，必须结合另一种状况——"断处"，才能发现"神"的真实状态，自然流露与勉强振作的区别，应在动态中才能准确区分，即在"断续之处"去进一步鉴别真假。

刚柔一

既识神骨，当辨刚柔。刚柔，则五行生克之数，名曰"先天种子"，不足用补，有余用泄。消息与命相通，此其较然易见者。

【译文】

已经鉴识神骨之后，应当进一步辨别刚柔。刚柔源于五行的相生相克，道家叫作"先天种子"，是人先天遗传下来的。刚柔不足的要增补它，有余的要消泄它，使之刚柔平衡，才能达到和谐的状态。刚柔的状态和阴阳的消长与人的命运密切相关，这是在对比中就能很容易发现的信息。

刚柔二

　　五行有合法，木合火，水合木，此顺而合。顺者多富，即贵亦在浮沉之间。金与火仇，有时合火，推之水土者皆然，此逆而合者，其贵非常。然所谓逆合者，金形带火则然，火形带金，则三十死矣；水形带土则然，土形带水，则孤寡终老矣；木形带金则然，金形带木，则刀剑随身矣。此外牵合，俱是杂格，不入文人正论。

【译文】

　　五行之间具有相生相克的关系，这种关系称为"合"，而"合"又有顺合与逆合之分，如木生火、水生木这种就是顺合。有顺合之相的人大多富裕，但不会显贵，就算偶尔显贵也只能是一时之事，难以持久。金仇火，有时火与金又相合相成，类而推之，水与土等之间的关系都是这样，这就是逆合。有这种逆合之相的人，往往显贵非常。但是逆

曾国藩便服像

合之相中又自有区别。如果是金形人带有火形之相便是好事，如果是火形人带有金形之相，那么年龄到了三十岁就会死亡；水形人带土还好，如果是土形人带有水形之相，那么就会一辈子孤寡无依；如果是木形人带有金形之相便会非常高贵，如果是金形人带有木形之相，那么就会有刀

冰鉴

〇一二

剑之灾、杀身之祸。至于除此之外的那些牵强附会的说法，都是杂凑的法式，不能归入文人的正宗理论。

刚柔三

五行为外刚柔。内刚柔，则喜怒、跳伏、深浅者是也。喜高怒重，过目辄忘，近"粗"。伏亦不伉，跳亦不扬，近"蠢"。初念甚浅，转念甚深，近"奸"。内奸者，功名可期；粗蠢各半者，胜人以寿；纯奸能豁达，其人终成。纯粗无周密，半途必弃。观人所忽，十有九八矣。

【译文】

五行只是刚柔之气的外在显现，称为外刚柔，而内刚柔指的是喜怒情感、激动情绪和心态城府。遇到喜事则乐不可支，遇到烦心事就怒不可遏，而且情绪转瞬即忘，这种人气质近乎粗鲁。平静的时候没有一点张扬之气，遇到高兴的事情也激动不起来，这种人阴柔之气太盛，其气质接近于"愚蠢"。遇到事情，起初的考虑都很肤浅，然而一转念，又考虑得非常周到和深入，这种人阳刚与阴柔并济，其气质接近于"奸"。内奸即内心机智的人，往往能够成就一番功名；既粗鲁又愚蠢的人，刚柔能够支配他们的心，使他们乐天知命，因此其寿命往往超过常人；纯奸即内心机智的人，如果能够豁然达观，最终会获得事业的成功。那种粗莽而不周密的人，做事必定要半途而废。从内刚柔这方面观察人这一点往往被忽视，而且人们十有八九都犯这个毛病。

"神"和"骨"为相之本，有本才会有种子。"刚柔"是相的"先天种子"。换句话说，"神"和"骨"很重要，而"刚"与"柔"同样很重要，"辨刚柔"，方可入道。

阴阳五行学说是"刚""柔"的理论基础。"刚柔，五行生克之数"。如果人观五行中的某一"行"不足，其他部位都可以加以弥补，即《老子》中所言的"损有余而补不足"。如果一"行"有余，其他部位却可以加以削弱，这就是比较中和平衡的"刚柔相济"。"不足用补，有余用泄"，这个思想在阴阳五行中是辩证的重要体现。

以阴阳刚柔及五行学说来品鉴人物，其说由来已久，而最为术数相学所推崇。曾国藩认为人的"先天"品性与命运，可以通过"不足用补，有余用泄"的方法来补偿，也在一定程度上继承了道家学说思想。特别是其"内刚柔"之说，又对"外刚柔"的机械倾向做了补正，强调要通过人的言行举止、思想品行来观察人物、品鉴人物，并重点分析了"粗""蠢""奸"三种人物的品性。这就由"外刚柔"的"五行命相"论，转而偏向于"神鉴"论，如所谓"喜高怒重，过目辄

明代文徵明所绘的老子像

忘，近'粗'。伏亦不伉，跳亦不扬，近'蠢'。初念甚浅，转念甚深，近'奸'"。

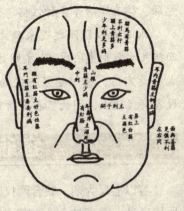

相筋图

人不可无刚，无刚则不能自立，不能自立就不能自强。由于有了刚，那些先贤们才能独立不惧，坚忍不拔。刚就是一个人的骨头。

人也不可无柔，无柔则不亲和，不亲和就会陷入孤立。柔就是使人挺立长久的东西，是一种魅力，一种收敛，一种方法，一种如春风宜人的光彩。

刚，并不是指暴虐，而是指强矫；柔，并不是指卑弱，而是指谦逊退让。

然而，太刚则折，太柔则靡。刚性事物性坚而易裂，易于进取而难守。柔性东西性钝而有韧，易于守成而难攻。所以太刚易折，太柔则废，刚猛有利于进攻，柔弱有利于守成。各有长短，只有刚柔相济，方能无往而不胜。

曾国藩早年刚猛过人，得罪不少当朝权贵，也因此受到排挤，后来认真研习黄老学说，领悟阴阳相生、以柔克刚等道理，糅以孔子"中庸"之道，所以后来才功成名就，并能抽身退隐，认为"执乎其中，不左不右，不刚不柔，刚柔相济"，这才是至高境界。

曾国藩在《冰鉴》中由"喜怒、跳伏、深浅"论及人心内阴阳之气变化，既是指喜怒哀乐等情感，又指沉静、急躁、胸有城府等各种性格。

人本来以阴阳之气来确立性情，阴气太重则失去刚，而阳气太重则失去柔。太柔则处事小心谨慎，不敢大刀阔斧；太刚是亢奋，常超越了一定的度。这些人各有长短，或者说各有优缺点，因此"善有所章，而理有所失"。

容貌一

容以七尺为期，貌合两仪而论。胸腹手足，实接五行；耳目口鼻，全通四气。相顾相称，则福生；如背如凑，则林林总总，不足论也。

【译文】

凡是观察人的形貌，观姿容以七尺躯体为限度，看面貌则以两只眼睛为主。人的胸腹手足，都与五行相关联；耳目口鼻皆和四时之气（春、夏、秋、冬）相贯通。人体的各个部位，如果相互照应、匹配，彼此对称、协调，那么这人就有福相；如果相互背离或彼此拥挤，使相貌显得乱七八糟而又支离破碎，其命运就可能非常不济了。

容貌二

容贵"整"，"整"非整齐之谓。短不豕蹲，长不茅立，肥不熊餐，瘦不鹊寒，所谓"整"也。背宜圆厚，腹宜突坦，手宜温软，曲若弯弓，足宜丰满，下宜藏蛋，所谓"整"也。五短多贵，两大不扬，负重高官，鼠行好利，此为定格。

他如手长于身，身过于体，配以佳骨，定主封侯；罗纹满身，胸有秀骨，配以妙神，不拜相即鼎甲矣。

人的姿容以"整"为贵，这个"整"并非整齐划一的意思，而是指人身体的各个组成部分要均衡、匀称，使之构成一个有机的完美的整体。就身材而言，人的个子可以矮，但不要矮得像一头蹲着的猪；个子也可以高，但绝不能高得像一棵孤单的茅草那样耸立着。从体形来看，体态可以胖，但又不能胖得像一头贪吃的熊那样臃肿；体态可以瘦，但又不能瘦得如同一只寒鹊那样单薄。这些就是本节所说的"整"。再从身体各部位来看，背部要浑圆而厚实，腹部要平坦，手要温润柔软，手掌则要能弯曲如弓，脚背要丰厚饱满，脚心以自然弯曲到能藏下鸡蛋为佳，这也是所谓的"整"。五短身材虽然看起来不怎么样，却大多地位高贵，两腿长得过分的人往往命运不佳。一个人走起路来如同背负了重物，那么此人日后必定有高官之运。一个人如果走路像老鼠般步子细碎急促，两眼又左顾右盼且目光闪烁不定，那么这个人必是贪财好利之徒。这些都是固定的判断格局，屡试不爽。还有其他的格局：如两臂比上身长（手臂最好超

曾国藩立像

过膝盖），上身比下身长，再有着一副上佳之骨，那么这个人日后一定会被封入公侯之列。如果皮肤细腻柔润，就好像绫罗布满全身，胸部骨骼又隐而不现，文秀别致，再配上一副奇佳的神态的话，这个人日后不是拜相就是入科举鼎甲之列。

容貌三

貌有清、古、奇、秀之别，总之须看科名星与阴骘纹为主。科名星，十三岁至三十九岁随时而见；阴骘纹，十九岁至四十六岁随时而见。二者全，大物也；得一亦贵。科名星见于印堂眉彩，时隐时见，或为钢针，或为小丸，尝有光气，酒后及发怒时易见。阴骘纹见于眼角，阴雨便见，如三叉样，假寐时最易见。得科名星者早荣，得阴骘纹者迟发。二者全无，前程莫问。阴骘纹见于喉间，又主生贵子；杂路不在此格。

【译文】

人的面貌可分为清秀、古朴、奇伟、秀致这四种，主要从科名星（印堂与眉毛之间）和阴骘纹（眼眶下卧蚕宫上之纹）上来辨别。科名星，在十三岁到三十九岁这段时间随时都可以看到；阴骘纹，在十九岁到四十六岁这段时间也可随时看见。如果一个人阴骘纹和科名星这两样都具备的话，将来定会成为非同寻常的人；即便只能得到其中一样，也会富贵。科名星显现在印堂和眉彩之间，时隐时现，形状有时像钢针，有时如小球，是一种红光瑞气，在喝酒之后和发怒时最容易看见。阴骘纹常常出现在眼角，遇到阴天或下雨天便能看见，形状像三股叉，人瞌睡时最容易见到。有科名星的人年轻时就会取得功名，发达荣耀，有阴骘纹的人发迹则要晚些。如果两样都没有，那么前程就不用问了。如果阴骘纹出现在咽喉部位，预示着该人将得贵子；如果阴骘纹出现在其他部位，则不属于"生贵子"这个格局。

容貌四

目者面之渊，不深则不清。鼻者面之山，不高则不灵。口阔而方禄千钟，齿多而圆不家食。眼角入鬓，必掌刑名。顶见于面，终司钱谷：此贵征也。舌脱无官，橘皮不显。文人有伤左目，鹰鼻动便食人：此贱征也。

【译文】

人的眼睛如同面部的两方水潭，神气不深沉含蓄，面部就不会清朗明爽。鼻子如同支撑面部的山脉，鼻梁不挺拔，面部就不会显现机灵聪慧之气。嘴巴宽阔又方正的人必多钱财，牙齿细小而圆润的人，适合在外地发展事业。两眼秀长并延伸到鬓发处的人，必会执掌司法大权。秃发谢顶而使头与面额相连没有界限的，能掌财政大权：这些都是富贵的征兆。口吃的人没有官运，面部皮肤粗糙像橘子皮的人不会发达。文人如果左眼有伤，那么文曲星陷落，该人终生无所作为，鼻子如鹰钩状的人，必定内心阴险狠毒，喜伤人：这些都是贫贱的征兆。

◆ 容貌要义 ◆

"容"，即姿容，察看一个人的姿容要以躯体为限度；"貌"，即面貌，观察一个人的面貌要以他的两只眼睛为主。"容"与"貌"的问题，实则是"形"与"神"的问题，也就是从"容"和"貌"这个特定的角度来看"形"与"神"，并以此为基础，进一步预测人一生的吉凶祸福，即命运。

看"形"与"神"要注意的是，要以"神"为主，"形"为辅。

"形有余"，指的是一种理想的形相，拥有此形相的人，健康长寿，富贵快乐，它又包括两个方面：即"容"与"貌"。属于容者：头顶要圆厚，背要丰厚隆起，肩膊宽大，胸脯平坦宽阔，腹要浑圆且下垂。举止端庄、严肃，三停匀称。肉要细腻，骨要圆峻，手要长，足要方。属于貌者：额头四方宽阔，口如角弓，唇红如樱桃，齿白如霜雪，双耳圆如轮，鼻直如悬胆，眼黑似漆，眼白如玉。眉毛修长疏朗，五岳朝拱聚合。一个人在形体上具有以上这些特征，便是"形有余"之相。令人望之巍巍然而来，仰之怡怡然而去。

形不足是"形有余"的反面，其特点是猥猥琐琐，神态萎靡，令人望而生厌，可谓不堪入目。形不足之人，多病而折寿，福浅又命薄。它同样包括"容"与"貌"两个方面。属于"容"的特征主要有：头顶尖突，头部单薄，肩膀胳膊又窄又斜，胸部或凸出或凹下，背部削薄，腹部又扁又平，臀部低陷，脑袋大身子小，上身短下身长，指间稀疏，手掌菲薄，肢节短且粗，走路摇晃不定，声音嘶哑。属于"貌"的特征主要有：额头深陷，口唇薄如纸，鼻梁低塌，耳轮外翻，双眉一弯一直，双眼一高一低，双眼一大一小，颧骨一上一下，睁着眼睛睡觉，男子声音女性化，牙齿发黄且外露，嘴巴尖突且有

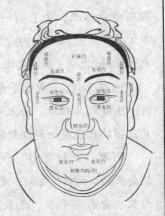

面相十二宫

口臭，秃顶无发，眼睛深陷眼眶，神态萎靡怯懦。上面所述，实际上是形体缺陷的汇集，一个人不可能这些缺点全有，不过，只要占其一条，就会被认为是形像上的破缺而减少福分。

　　"神有余"是指一种理想的精神状态。具体而言，指眼睛明亮有神、精神抖擞、举止端正、办事沉着老练、处变不惊，不论何时何地，都能坚守其节操。也就是"富贵不能淫，贫贱不能移，威武不能屈"的典型。神不足就是"神有余"的反面，即精神委顿，气质猥琐，到了无以复加、不可救药的地步。以这种状态立于人世，肯定惹是生非而招来牢狱之灾，即便阴差阳错做了官，最后也得丢掉乌纱帽。

　　古人把人的身体分成三个部分，称为三停。头为上停。头形圆实饱满而又显秀长者，是大吉富贵之人，但要与中停、下停相称、和谐。身小头长或身长头小，则表示此人贫贱。从头部下到腰部为中停。中停也要与上停、下停相称，太

短则寿命不长，太长则一生贫困，腰身软弱者既无力气也不太长命。腰以下到脚为下停。下停也要与上、中停相称，太长多病。总之，三停要比例相称，相称者既美观，身相又好。

　　一般来说，上身长下身短，主人官运亨通，有福寿。反之，则一生贫贱又短命，若上中下三停俱短，只要无亏损缺陷，且五官端正也是一种相称之相，同样可以富贵双全。

　　形有"五短之形"和"五长之形"之分：五短之形，就是头短、面短、身短、足短、手短。五长之形，就是头长、面长、身长、手长、足长。五短之形与五长之形本身没有优劣之分，关键要看它们与其他方面的配合而定。五短之形的人如果骨细面滑，印堂明亮，五岳朝拱，定上佳。五长之形的人配以骨丰貌隆，清秀滋润，就是奇佳之人，这样的人会富贵双全。五短之形的人如果骨骼粗恶，五岳陷塌，肯定贫贱无疑。五长之形的人如果是骨肉枯槁，筋骨暴露在外的样子，那么就是恶相，也很贫贱。

　　还有一种说法就是，手短脚长就会贫贱交加，而手长脚短则会既富且贵。

　　古人认为，富相是腰圆背厚，鼻梁高耸，双颧隆起，口角方正，地阁方圆，四角丰隆，气色红润清朗，身体肌肤柔软光滑，面部丰满，骨相清奇，手背肉厚，行立坐卧姿态端正，神情潇洒，举止稳重。

　　古人对贵相的总结是：贵相要脸黑身白，面粗身细，身体短小而声音洪亮，面部短而眼睛长，身体体味清香。

　　凡此种种，不一而足。曾国藩吸收前人的各种说法并加以糅合，提出了自己对容貌的看法和观点，都有一定的依据。比如说，眼睛的神气要深沉含蓄，这样面部才会清朗明爽。只有学识渊博、思想丰富的人，眼睛才会深邃含蓄。这样的人多半不是池中之物。为官者须能言善道，清楚地表明自己的意见，而口吃的人很难表达自己内心的想法，所以不适合做官。面部皮肤粗糙像橘子皮的人一副风餐露宿的样子，多半不能有很好的生活条件。

曾国藩凭借自己察人识人的能力招揽了不少谋臣志士，为稳固湘军、攻灭太平天国立下了赫赫战功。

情态一

容貌者，骨之余，常佐骨之不足。情态者，神之余，常佐神之不足。久注观人精神，乍见现人情态。大家举止，羞涩亦佳；小儿行藏，跳叫愈失。大旨亦辨清浊，细处兼论取舍。

【译文】

容貌，是骨骼的外在表现，观察它可以弥补我们在"骨相"品鉴上的不足。情态，是精神的流露，能清楚表明人的精神状态。如果要长久地关注某人，应该注重发现其精神内质，初见某人则应注意其情感态度。举止有大家风范的人，他的羞涩情态都显得优雅得体；而小人之态则愈是叫嚣得厉害，愈显得幼稚粗俗。观人情态，要在大处分辨清浊，而在小处不仅要分辨清浊，还要分辨其行止主次，方可做出取舍。

情态二

有弱态，有狂态，有疏懒态，有周旋态。飞鸟依人，情致婉转，此弱态也。不衫不履，旁若无人，此狂态也。坐止自如，问答随意，此疏懒态也。饰其中机，不苟言笑，察言观色，趋吉避凶，则周旋态也。皆根其情，不由矫枉。弱而不媚，狂而不哗，疏懒而真诚，周旋而健举，皆能成器；反之，败类也。大概亦得二三矣。

【译文】

常见的情态有以下四种：柔弱之态、狂放之态、疏懒之态和周旋之态。如小鸟依人，情致婉转，娇柔亲切，这就是弱态。衣冠不整，不修边幅，目空一切，旁若无人，这就是狂态。想做什么就做什么，想怎么说就怎么说，不分场合，不论忌宜，这就是疏懒态。把心机掩藏起来，处处察言观色，事事趋吉避凶，处事圆滑周到，这就是周旋态。这些情态，都出自人内心的真情实性，不是任意虚饰造作而来。委婉柔弱而不曲意谄媚，狂放不羁而不喧闹嘈杂，怠慢懒散但坦率纯真，处事圆滑却强干豪雄，这些人日后都能成为有用之材；反之，则会沦为无用的废物。只要分辨出大致情态，对一个人的将来就能看出个二三成。

前者恒态，又有时态。方有对谈，神忽他往；众方称言，此独冷笑——深险难近，不足与论情。言不必当，极口称是；未交此人，故意诋毁——卑庸可耻，不足与论事。漫无可否，临事迟回；不甚关情，亦为堕泪——妇人之仁，不足与谈心。三者不必定人终身，反此以求，可以交天下士。

【译文】

前面说的是人们在生活中经常出现的情态，称为"恒态"，除此之外，还有几种情态，称之为"时态"。正在跟人交谈时，他却把目光和思路转向其他地方去；在众人言笑正欢的时候，他却在一旁冷笑。这类人城府深沉，居心险恶，不能跟他们建立情感。别人发表的意见未必完全妥当，他却在一旁连声附和；还没有跟这个人打交道，就在背后对人家进行恶意诽谤和诬蔑。这两种人庸俗下流，卑鄙可耻，不能跟他们合作共事。无论遇到什么事情都不置可否，事到临头还迟疑不决、犹豫不前；为不值得的事情伤心落泪，大动感情。这类人的仁慈纯属"妇人之仁"，不值得跟他们推诚交心。以上三种情态虽然不一定能决定一个人终身的命运，但若能够反以上三种人而求之，那么就可以遍交天下朋友了。

◆ 情态要义 ◆

曾国藩认为"情态"与"神"有着非常紧密的关系，

曾国藩手札

它们是表与里的关系。"神"蓄含于内,"情态"则显于外,"神"以静态为主,"情态"以动为主,"神"是"情态"之源,"情态"是"神"之流。"情态"是"神"的流露和外现,二者一为表一为里,关系极为密切,所以说"情态者,神之余"。如上所述,如果其"神"或嫌不足,而"情态"优雅洒脱,"情态"就可以补救其"神"之缺陷,所以说"常佐神之不足"。

所谓"久注观人精神,乍见观人情态"。"神"往往呈静态,"情"常常呈动态;"神"一般能久长,"情"通常贵自然。总之,精神是本质,情态是现象。情态与容貌之间,也是既有联系又有区别的。容貌为形体的静态之相,是表现仪表风姿的,情态为形体的动态之相,是表现风度气质的,二者质不同,"形"亦有别。然而二者却可以相辅相成,相得益彰。

曾国藩明确提出"恒态""时态"概念,动静结合,仔细分析。将静态具体落实到弱态、狂态、疏懒态、周旋态这四种情态上,一一对比。

"弱态"之人,性情温柔和善,平易近人,往往又爱多愁善感,"细数窗前雨滴",缺乏刚阳果敢之气,有优柔寡断之嫌。"狂态"之人,大多不满现实,爱愤世嫉俗,对社会弊病总喜欢痛斥其不足，个人品性往往是耿介高朴，自成一格。具"疏懒态"者，大多有才可恃，对世俗公认的行为准则和伦理规范不以为然，满不在乎，由此引而为怠慢懒散，倨傲不恭。陶渊明即是"疏懒态"的典型。具"周旋态"者，智慧极高而心机机警，待人则能应付自如，接物则能游刃有余，是交际应酬的高手和行家。

但是，也还有其他变数。"弱态"若带"媚"，则变为奉迎谄媚之流，摇尾乞怜之辈，这是一种贱相。"狂态"若带"哗"，则为喧嚷跳叫、无理取闹之流，暴戾粗野、卑俗下流之辈，这是一种妄相。"疏懒态"若无"真诚"，则会一味狂妄自大，此实为招祸致灾之阶，殊不足取。这是一种傲相。"周旋态"若无"健举"，会由城府极深变为迹近狡诈、阴险和歹毒，这是一种险相。

时态主要分五种。"方有对谈，神忽他往"，正在与人交谈时，他却随便把目光转移到其他地方去，或者一个话题正在交谈中，他却突然把话题转到与此完全不相干的另一件事上去，可见这种人既不尊重对方，又缺乏诚意，心中定有别情。

"众方称言，此独冷笑"，大家正谈得笑语嫣然，兴致勃勃之时，唯独他一个人在旁边作冷然观，无动于衷，可见这人自外于众人，而且为人冷漠寡情，居心叵测。

曹操像

三国时，黄盖假意投靠曹操前，派阚泽前往曹营当说客。阚泽把黄盖的"归附信"递给曹操后，曹操反复看了十几遍，说道："黄盖用苦肉计，要你投诈降书，好乘机袭击我。这种伎俩，难道我还不能识穿？！"便喝令左右把阚泽拉出斩首。阚泽面不改色，只冷笑。这冷笑让曹操心里发毛，对自己的判断产生怀疑，也给了阚泽说话和劝服的机会；结果，曹操轻易地被阚泽说服，使赤壁之战中孙刘联军的火攻计划得逞，让自己军力遭到重创，元气大伤，从此再无力征服江东。这一切都源于"冷笑"，冷笑背后是对别人的轻蔑（打击别人的自信），是深藏的心机，是要得逞的阴谋。

以上两种情况均与正常情态相悖，不合常理。如果不是当时心中有什么其他急事，导致他失常的表情，那么这种人多半是属于胸怀城府、居心险恶之人。这种人与他人建立良好友谊不容易，别人对他也敬而远之。此所谓"深险难近，不足与论情"。

乾隆帝朝服像

"言不必当，极口称是"，别人发表的观点和见解未必完全正确，未必十分精当，他却在一旁连连附和，高声称赞，一味地点头"是，是，是"。这种人如不是故意的，定是一个小人，胸无定见，意志软弱，只知道巴结逢迎，投机取巧讨好别人。这类人自然担不得重任。

当然，曾国藩作为清朝的封建官员绝不敢批评大清皇帝的用人之道，但在今人看来，乾隆皇帝身边的和珅正是这样一个言必称是、巴结逢迎的小人。史书记载，他以"善伺上意"而得宠幸。乾隆一生喜爱作诗、写书法，和珅为了迎合上意，在这些方面下了不少功夫，并达到了较高的水平——这"投其所好"

和珅像

法让乾隆对其自然偏爱。另外，和珅还自卑、自谦，最善于展现自己的奴才相，抬高主子，"高宗（指乾隆）若有咳唾，和珅以溺器进之"，谄媚到了这种程度，连英明的君主也难免糊涂。结果，和珅擅政二十余年，升迁四十七次，权倾朝野，百官争相谄附。他又公然勒索纳贿，排斥异己，使吏治败坏，官场上充满了小人。不管是普通人还是想成大事者，都要远离这种小人，否则，你因为被他捏住了"软肋"——尽说些让你头脑飘飘、心花怒放的话，就成了任他摆弄的傀儡。

"未交此人，故意诋毁"，不曾与人家交往，对人家全然不了解，全是道听途说，加上自己的主观想象，就在人背后飞短流长，说人坏话，故意恶意诽谤他人，诬人清白。这种人多半是无德行的小人，无学无识，又缺乏修养，既俗不可耐，又不能自知。

以上两种人，由于品格卑下，又无识无能，庸俗无聊，鄙贱无耻，既不能与之共事，更不可与之为友。立身端正的人，应与这类人划清界限。当然，如果他们知而能改，又当别论。

有一种人，他们优柔寡断，畏畏缩缩，做事只知因循守旧，而不知人有创新，陈规当除。因此，他们既缺少雄心壮志，又没有什么实际才干，动手动脑能力都差。遇事唯唯诺诺，毫无主见，喜欢推卸过错，不敢承担责任，不敢挑工作重担。因而，他们什么见解也没有，什么事也做不成，徘徊迟疑，犹豫不决，空老终身。还有一种人，过于多愁善感，他们内心世界很丰富，也非常敏感；凡遇事情，不论与自己相不相关，都一副泪眼汪汪的样子，一副病中女儿态。曾国藩对以上两种情况一言评之为妇人之仁。与这两种人共事，都会让他人不胜疲累。

上面这三种情态的人实在是不值得结交。所以曾国藩在综观他们状貌以后，得出总结，"反此以求，可以交天下士"。

须眉一

"须眉男子"，未有须眉不具可称男子者。"少年两道眉，临老一副须。"此言眉主早成，须主晚运也。然而紫面无须自贵，暴腮缺须亦荣：郭令公半部不全，霍骠骁一副寡脸。此等间逢，毕竟有须眉者，十之九也。

【译文】

人们常说"须眉男子"，这就是将须眉作为男子的代称。事实上也的确如此，因为还没有见过既无胡须又无眉毛的人能够称得上是男子的。俗话说："少年两道眉，临老一副须。"这话的意思是，一个人年少时的命运如何要看眉毛的相，而晚年运气怎么样则以看胡须为主。但是也有例外：面部呈紫气，即使没有胡须，地位也会高贵；两腮突露，就算胡须稀少，声名也能显达。郭子仪虽然胡须稀疏，却位高权重；霍去病虽然没有胡须，只是一副寡脸相，却功高盖世。但这种情况，不过只是偶然发生，毕竟成功建业者中有胡须有眉毛的人，占百分之九十以上。

须眉二

眉尚彩，彩者，杪处反光也。贵人有三层彩，有一二层者。所谓"文明气象"，宜疏爽不宜凝滞。一望有乘风翔舞之势，上也；如泼墨者，最下。倒竖者，上也；下垂者，最下。长有起伏，短有神气；浓忌浮光，淡忌枯索。如剑者掌兵权，如帚者赴法场。个中亦有征范，不可不辨。但如压眼不利，散乱多忧，细而带媚，粗而无文，是最下乘。

【译文】

眉毛要有光彩，所谓的光彩，就是眉毛梢部闪现出的光亮。富贵的人眉毛的根部、中部、梢部共有三层光彩，有的人有两层，有的人只有一层。通常所说的"文明气象"，指的就是眉毛要疏密有致、清秀润朗，不要厚重呆板，又浓又密，缩在一起。远远望去，像两只凤在乘风翔翔，或像一对龙在乘风飞舞，这就是很好的眉毛；如果像一团浸染的墨汁，就是最下等的眉相。双眉倒竖，眉毛向上挑，

冰鉴

〇三一

是好眉相；双眉下垂，呈八字形，是下等眉相。眉毛如果比较长，就得有起伏，如果比较短，就应该炯然有神；眉毛如果浓，就不要有虚浮的光，眉毛如果淡，千万不要像一条干枯的绳子。双眉如果像两把锋利的宝剑，那这人必将成为统领三军的将帅；而双眉如果像两把破旧的扫帚，杂乱不齐，那这人则会有杀身之祸。另外这里面还有各种其他的迹象和征兆，不可不认真地加以辨识。但是，如果眉毛过长并遮盖着双眼使目光显得迟滞呆板，眉毛散乱无序使目光显得忧劳无神，眉形过于纤细并带有媚态，眉干过于粗密使其没有文秀之气，这些都是最下等的眉相。

须眉三

须有多寡，取其与眉相称。多者，宜清、宜疏、宜缩、宜参差不齐；少者，宜光、宜健、宜圆、宜有情照顾。卷如螺纹，聪明豁达；长如解索，风流显荣，劲如张戟，位高权重；亮若银条，早登廊庙。皆宦途大器。紫须剑眉，声音洪壮；蓬然虬乱，尝见耳后，配以神骨清奇，不千里封侯，亦十年拜相。他如"辅须先长终不利""人中不见一世穷""鼻毛接须多滞晦""短髭遮口饿终身"，此其显而可见者耳。

【译文】

胡须有多有少，无论是多还是少，都要与眉毛相称。多须的人，他的胡须应该清秀流畅，疏爽明朗，不直不硬，并且长短分明错落有致；少须的人，他的胡须就要润泽光亮，

冰鉴

刚健挺直，气韵十足，并与其他部位相互映衬。胡须如果像螺纹一样弯弯曲曲，这人一定非常聪明，目光长远，豁然大度；胡须如果细长，像磨损的绳子一样到处是细弯小曲，这种人生性风流倜傥，却没有淫乱之心，将来一定能

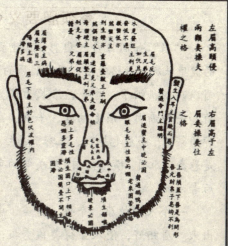

面相之须发图

名高位显；胡须刚劲有力，如同一把张开的利戟，这种人将来一定位高权重；胡须清新明朗，像闪闪发光的银条，这种人年纪轻轻就会成为朝中大臣。以上这些都是仕途官场上的成大材大器的人物。如果胡须是紫色的，眉毛像利剑那样挺拔，声音洪亮粗壮；或者胡须像虬龙那样蓬松劲挺，有时还长到耳朵后边去，这样的胡须，再配上一副清爽和英俊的骨骼与精神，这样的人即使成不了受封千里之地的王侯，也能做好几年的宰相。其他的胡须，如：下巴和两腮先长出胡须，终究没有好处；人中没有胡须，一辈子受苦受穷；鼻毛与胡须相连，命运不顺，前景暗淡；鼻唇之间的短髭过长而遮住了嘴，将一辈子忍饥挨饿，等等。这些胡须的凶相是显而易见的，这里就不详细论述了。

　　"眉"如同日月之华彩、山峦之花木一样，是一个人的健康状况、性格气质、贵贱聪愚的外在表现。古人认为：眉以疏朗、细平、秀美、修长为佳。形状就像悬挂的犀牛角和一轮新月。眉毛细软、平直、宽长是聪明、长寿、尊贵的象征；而眉毛粗硬、浓密、逆生、散乱、短促、攒缩者，是愚蠢、凶顽、横死之相。从美学的角度看，也是前者为美，后者为丑。

　　一个人的健康、个性、秀美、威严都通过眉毛而显示出来。眉相好，使人显得英俊秀挺，聪明伶俐，最容易给人留下美好又深刻的印象，从而增加施展抱负和实现自我的机会，使其可能少年得志，所以，曾国藩认为，"眉主早成"。

　　胡须近水，故下长而宜垂。一般胡须丰润的人身体健康，精力旺盛，意志常常也很坚定，工作起来很得心应手。这种人经过日积月累，到了中晚年，事业往往会有所成。

　　人的眉毛、胡须都只是人体毛发这个整体中的一个部分。既然是整体中的部分，那就应该相顾相称，均衡和谐。眉虽主早成，仍要胡须丰美，否则难以为继。再说，眉强须弱，毕竟有失均称，

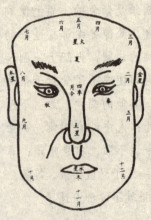

五星四季图

面相便不和谐。"其貌不扬"就这样形成了。胡须虽主一个人的老来运气，但还是需要得到眉毛的照应。不然，就如同久旱的秧苗，迟迟才有雨露浇灌滋润，其果实也不会圆满。总之，阴阳须和谐，须眉要相称，古人相诀中所谓"五三、六三、七十三，水星罗计要相参"，就是这个意思。

曾国藩像

"紫面无须自贵，暴腮缺须亦荣"。"紫面"之人是属于金形人带火相，因金的颜色是白的，火的颜色是红的，紫色则是火炼之金，这是宝色。本书《刚柔》篇也认为："金而合火，乃逆而合，其贵非常"。因此，曾国藩才认为"紫面无须自贵"。再从现实生活以及生理学的角度来看，"紫面"者一般气血充沛、性情刚烈，从事某项事业往往有成，并因此而"贵"。腮为口的外辅，口为水星，腮自然也属水，暴腮之人，水必有余。从前面的论述可以知道：水多者，"贵"。所以，暴腮之人即使胡须稀少不全，也当富贵。

须眉是人体毛发的一部分，头发，如同山脉上的草木。草木茂盛，那么山脉就会被遮掩。因此，头发要细软、稠密、短、黑亮、清秀、芳馨，这是贵人之相。发色焦黄的人，多带妨克。发色赤红的人，多遭灾难。头发粗硬并且散乱的人，生性刚烈，喜欢独来独往。头发稠密而气味臭的人，命运乖舛，一生贫贱。头发卷曲并且散乱的人，生性狡诈，一生贫苦。发际低的人贫贱。发际较高者，秉性温和。后脑发际较高，此人性格怪僻狠毒。因此，耳边没有鬓发，其人心怀毒计。发际侵眉乱额，其人一生多灾难。鬓发粗硬、稀疏，其人财富不多，仅能糊口。

眉须之美在于眉与须相称相合。

相的相称与相合，是就静态形相论判别形体组织结构成败的原则，这一原则有两个内容：相称原则，相合原则。

相称，指形体各部位之间相互顾盼，相互协调，显得匀称、均衡，使整个形体呈现出完美之相。相称为有成之相，反之则为无成之相。相合，指合五行形局，若合五行形局则为上相，反之则为下相。《五行形相》称："金不嫌方，木不嫌瘦，水不嫌肥，土不嫌矮"等，均合五行形局，为上相。

《灵山秘叶》云："口上曰髭，口下曰须，在颐曰胡，在颊曰髯"。多者不欲丛杂，少者不欲焦萎。

胡须不管多与少，都必和眉毛相称。也就是眉毛多的话，胡须也要多，眉毛少的话，胡须也要少。只有这样，才称得上是佳相。为什么胡须的多或少，"须相"的有成与无成，和眉毛的关系这么大呢？因为眉毛和胡须对于人来讲，属于同类，都是人体的毛发，此其一也；胡须和眉毛同位于人的脸部，都是面部的重要组成部分（当然是专指男性），此其二也；第三则是取其水火既济或水火未济之义，也就是胡须和眉毛相称为既济，不相称为未济，既济是上相，未济是下相。

多者要"清"，"清"就是清秀、清朗、清雅、清爽，就是不浊、不乱、不俗、不丑。
要"疏","疏"就是疏落、
疏散、疏朗，就是不丛杂、不
淤塞。要"缩","缩"就是
弯曲得当，不直、不硬。要"参
差不齐"，就是有长有短，长
短配合得当，错落有致，不要
整齐划一，截如板刷。这种多
而清、疏、缩、参差不齐的须
相，不管眉毛的多或少，都能
和眉毛相称。若眉毛多，这种

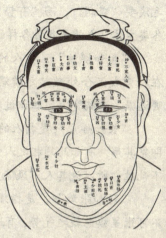

面痣图

须相可与之形成一定的反差，若眉少，这种须相则可从"神"
上与之协调一致。因此，曾国藩说，"多者，宜清、宜疏、
宜缩、宜参差不齐"。

　　"少者"要"光","光"就是不枯、不涩，就是润
泽、光亮。要"健","健"就是不萎、不弱、不寒、不薄，
就是要刚劲、康健、坚挺。要"圆","圆"就是不呆、不滞、
不死板，就是要圆润、生动、飘然。要"有情照顾","有
情照顾"就是与眉毛、头发相称，与五岳四渎相称就是有
照应，不孤独。

　　对"多者"和"少者"提出的"四宜"要求，其依据和
标准就是相称原则。眉相的四个条件就是弯长有势，昂扬有
神，疏爽有气，秀润有光，其中的弯长、昂扬、疏爽、秀润
是因主体的不同而提出的具体要求和标准。也就是说：眉毛
长要"弯长"，眉毛短要"昂扬"，眉毛浓要"疏爽"，眉

毛淡要"秀润"，而"有势、有神、有气、有光"则是对于各类主体，也就是各种各样的眉毛的共同要求和通行标准。

"卷如螺纹"，指人的须相如同大江大河奔腾之势，在转弯或汇合处激起之漩涡，即象其势，如此须相主人高瞻远瞩、心胸宽大、胆识过人，所以说其人"聪明豁达"。

"长如解索"，是指人的须相如同破挽之绳索身多小曲，即象其形。有如此须相之人爱美好色、风流倜傥却不淫乱、不乱性，所以说其人"风流显荣"。

"劲如张戟"，是指须相如两军对阵时的戟非弓弩，不可张星旗电戟之气势，有这种须相的人，有魄力、有胆识、有作为，必能成大器，所以说这样的人"位高权重"。

"亮若银条"，是指须相如生命初成，生命力旺盛，气色润朗，一片生机，即象其气。这样的须相，主人文秀多才，超凡脱俗，所以说其人"早登廊庙"。

"紫须剑眉，声音洪壮"，这样的配合叫金形得金局。"蓬然虬乱，尝见耳后"，是气宇轩昂，威德兼具之相。此二者本为佳相，如能配以清奇的神和骨，乱世可成霸才，治世能为良相。

声音一

人之声音，犹天地之气，轻清上浮，重浊下坠。始于丹田，发于喉，转于舌，辨于齿，出于唇，实与五音相配。取其自成一家，不必一一合调，闻声相思，其人斯在，宁必一见决英雄哉！

人的声音，犹如天地之间的阴阳五行之气，有清浊之分。清亮的声音轻悠而上扬，浑浊的声音沉重而下坠。声音从丹田开始启动，在喉头发出声响，随着舌头的转动，在牙齿那里形成清浊两种音，最后经由嘴唇发出来，这恰好与宫、商、角、徵、羽五音相对应。听人的声音，要能辨识这个人声音的独特之处，而不一定完全与五音相符合。只要听到声音就会想到这个人，这样就会闻其声而知其人，而不一定要见到本人的面貌才能看出他究竟是个英才还是庸人！

声音二

声与音不同。声主"张"，寻发处见；音主"敛"，寻歇处见。辨声之法，必辨喜怒哀乐。喜如折竹，怒如阴雷起地，哀如击薄冰，乐如雪舞风前，大概以"轻清"为上。声雄者，如钟则贵，如锣则贱；声雌者，如雉鸣则贵，如蛙鸣则贱。远听声雄，近听悠扬，起若乘风，止如拍琴，上上。"大言不张唇，细言不露齿"，上也。出而不返，荒郊牛鸣；急而不达，深夜鼠嚼；或字句相联，喋喋利口；或齿喉隔断，嗒嗒混谈：市井之夫，何足比较？

声和音不同。声是由发音器官的启动而产生的，可以在发音器官启动的时候听见；而音在发音器官闭合的时候

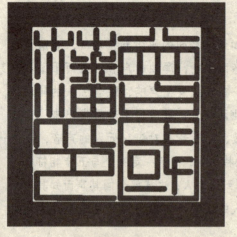

曾国藩印

产生，在发音器官闭合的时候才可以感觉到它。辨别声的方法首要的是要辨别发音之人的喜怒哀乐。人在欣喜之时发出的声，宛如翠竹折断，清脆悦耳；愤怒之时发出的声，就如平地一声惊雷，豪壮有度；悲哀之时发出的声，则如击碎一块薄冰，凄切悲伤；欢乐之时发出的声，就如雪花于疾风吹来之前在空中飞舞，宁静洒脱。总之，都以清脆、轻扬为悦耳之声。如果是刚健雄浑的阳刚之声，像钟声一样激越宏亮、充满阳刚之气的声为最佳，如果像敲锣之声一样浮泛无力，就很卑贱；如果是温润文秀的阴柔之声，那么，像鸡鸣一样清朗悠扬，就高贵，像蛙鸣一样喧嚣空洞，就卑贱。发出的声远远听来，刚健激越，而在近处听，却又温润悠扬，起声的时候如乘风悄动，悦耳动听，止声的时候又如高手抚琴，雍容自如，这才是所发之声中的最佳品。俗话说"高声畅言也不需大张其口，低声细语也要牙齿含而不露"，这是发声中的较佳者。如果发出的声像荒郊旷野中独牛的哀叫，虚浮没有余韵；或者像夜深人静时老鼠偷吃东西时发出的"咯咯"的声音一样，急切而不畅达；说话时一句紧跟一句，急促却又语无伦次；说话时口齿不清，吞吞吐吐，嗫嚅含糊：这几种都属于市井中人的粗鄙俗陋之声，又怎么能与以上几种声相比较呢？

声音三

音者，声之余也，与声相去不远，此则从细曲中见耳。贫贱者有声无音，尖巧者有音无声。所谓"禽无声，兽无音"是也。凡人说话，是声散在前后左右者是也。开谈多含情，话终有余响，不唯雅人，兼称国士；口阔无溢出，舌尖无窕音，不唯实厚，兼获名高。

【译文】

音，是声的余波或余韵，和声差距不大，但它们之间的差异从细微的地方还是可以听出来的。贫穷卑贱的人说话往往只有声而没有余音，显得粗野不文；圆滑尖巧的人说话则只有音而无声，显得虚伪做作。所谓的"鸟鸣无声，兽叫无音"，说的就是这种情形。普通人说话，只不过是一种声响散布在空中而已，并无余音可言。如果说话的时候，一开口，声音中就饱含着情，到话说完了，仍有余音缭绕，这种人就是温文尔雅的人，而且可以称得上是社会名流；如果说话的时候，即使口阔嘴大，却先出气而后发声，即便口齿伶俐，也不矫造轻佻，这不仅表明这个人自身内在素养深厚，而且预示着他还会获得盛名隆誉。

◆声音要义◆

人类的声音，由于人与人不同，健康状况不同，生存环境不同，先天禀赋不同，后天修养不同等等而有很大差异，所以声音不仅在一定程度上表现着一个人的健康状况，而且还在一定程度上表现着一个人的文化品格——他的雅与俗，智与愚，贵与贱（这里指人格修养），富与贫。

在五行分配上，古人把声音分为：金木水火土。金声，特点是和润悦耳；木声，特点是高畅响亮；水声，特点是时缓时急；火声，特点是焦灼暴烈；土声，特点是厚实高重。

曾国藩承前人之说，认为人禀天地五行之气，其声音也有清浊之分，清者轻而上扬，浊者重而下沉，由是清者贵，浊者贱，道理说得很明白。

"始于丹田"句，曾国藩认为，声音中上佳者，应是

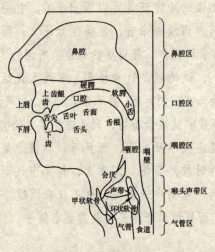

发音器官纵侧面示意图

始发于"丹田"中的。发于丹田的声音深雄厚重、韵致远响，是肾水充沛的表现。肾水充沛，身体自然健康，能胜福贵，因而主人福贵寿全。同时，这种丹田之气充沛，丹田之声宏亮悦耳，易引起共鸣效果，给人舒服浑厚的感觉。不好的声音，则是那种发于喉头、止于舌齿之间的根基浅薄的声音。这种声音气不足，给人虚弱衰颓的感觉，为肾水不足的表现，主贱主夭。

曾国藩认为，"声"与"音"的区别是：人开口之时发出来的空气振动产生"声"，此时空气受振动的频率高、质量高，发音器官最紧张；闭口之后，余下来仍在空气中振动而产生的是"音"，此时空气振动频率已经下降，发音器官已松弛下来，是"声"传递的结果，为"声"之余韵，正如平常人们所说的"余音绕梁"。曾国藩用"声主'张'，寻发处见；音主'敛'，寻歇处见"来表述这个意思。

人有喜怒哀乐等七情，在语音中必然有所表现，即"如泣如诉，如怨如慕"。因此，由音能辨人之"征"，即心情状态。曾国藩说的"辨声之法，必辨喜怒哀乐"，就是这个意思。

人的喜怒哀乐，必在声音中表现出来，即使人为地极力掩饰和控制，也会不由自主地有所流露。因此，通过声音来观察人的内心世界，是比较可行的一种方法。

那么"喜怒哀乐"又有什么具体的表现呢？

"喜如折竹"，竹子由于它自身的韧脆质地的特点，"折竹"之声既清脆悦耳，又自然大方，不俗不媚，有雍容之态。

"怒如阴雷起地"，阴雷起地之势，豪壮雄迈，强劲有力，不暴不躁，有容涵大度之态。

"哀如击薄冰"，薄冰易碎，但破碎之音不散不乱，也不惊扰人耳，有悲凄不堪击之象，但不峻不急，有"发乎情，止乎礼"之态。

"乐如雪舞风前"，风飘雪舞，如女子之临舞池而衣带飘飘，不胜美态，雪花飞舞之时轻而不狂不野，柔美而不淫不荡，具有轻灵飘逸的潇洒之态。

钟响与锣鸣，都属于雄声，即阳刚之声，声音粗壮，气势宏大。然而"钟"声洪亮沉雄，远响四方，余韵不绝，悦耳愉心，所以为"贵"；而"锣"声则声裂音薄，荒漫沙嘶，余韵了无，刺耳扎心，所以为"贱"。

雉鸣与蛙鸣，都属于雌声，即阴柔之声，声音轻细，如旷野闻笛。然而"雉"声清越悠长，声随气动，有顿有挫，抑抑扬扬，同样悦耳动听，所以为"贵"；而"蛙"声则聒聒噪噪，喧嚣号叫，声气争出，外强内竭，同样刺耳扎心，所以为"贱"。

"远听声雄"，是说其声有山谷之呼应，表明其人必气魄雄伟，赋情豪放；"近听悠扬"，是说其声如笙管之婉转，表明其人必多才多艺，智慧超群；"起若乘风"，是说其声有如雄鹰之翱翔，表明其人必神采飞扬，功名大就；"止如拍琴"，是说其声如孔雀之典雅，表明其人必闲雅冲淡，雍容自如。

以上皆为"声"之最佳者，所以被曾国藩定为"上上"。

"大言不张唇"是谨慎稳重、学识深厚、养之有素的表现；"细言不露齿"，表明其必温文尔雅、精爽简当、成熟干练。

以上为"声"之佳者，所以被曾国藩定为"上"。

荒郊旷野，一牛孤鸣，沉闷散漫，有声无韵，粗鲁愚妄之人，其"声"大抵如此；夜深人静，群鼠偷食，声急口利，咯咯吱吱，尖头小脸之人，其"声"与此相似。至于"字句相联，喋喋利口"，足见其语无伦次，声无抑扬，其人必幼稚浅薄，无所作为；"齿喉隔断，嗑嗑混谈"，足见其吞吞吐吐，不知所云，其人必怯懦软弱，一事无成。

以上"声"相，当然属于下等，所以曾国藩才不屑一顾地说："何足比较！"

气色一

面部如命，气色如运。大命固宜整齐，小运亦当亨泰。是故光焰不发，珠玉与瓦砾同观；藻绘未扬，明光与布葛齐价。大者主一生祸福，小者亦三月吉凶。

【译文】

如果说面部象征并体现着人的大命，那么气色则象征并体现着人的小运。大命是先天生成的，但仍应该与后天境遇保持均衡，小运也应该一直保持顺利。所以如果光辉不能焕发出来，即使是珍珠和宝玉，也和碎砖烂瓦没有什么不同；如果色彩不能呈现出来，即使是绫罗和锦绣，也和粗布糙葛没有什么区别。大命能够决定一个人一生的祸福，小运也可以决定一个人几个月的吉凶。

气色二

　　人以气为主，于内为精神，于外为气色。有终身之气色，"少淡、长明、壮艳、老素"是也。有一年之气色，"春青、夏红、秋黄、冬白"是也。有一月之气色，"朔后森发、望后隐跃"是也。有一日之气色，"早青、昼满、晚停、暮静"是也。

【译文】

　　气是一个人生存和发展的主要支柱，在内部表现为人的精神，在表面表现为人的气色。气色有多种形态：其中有贯穿人的一生的气色，俗话说的"少年时期气色为淡，所谓的淡，就是气稚色薄；青年时期气色为明，所谓的明，就是气勃色明；壮年时期气色为艳，所谓的艳，就是气丰色艳；老年时期气色为素，所谓的素，就是气实色朴"，就是指这种气色。有贯穿一年的气色，俗话说的"春季气色为青色——木色，夏季气色为红色——火色，秋季

曾国藩家居像

气色为黄色——土色，冬季气色为白色——金色"，就是指这种气色。有贯穿一月的气色，俗话说的"每月初一之后如枝叶盛发，十五之后则若隐若现"，就是这种气色。有贯穿一天的气色，这就是俗话说的"早晨开始复苏，白天充盈饱满，傍晚渐趋隐伏，夜间安宁平静"，就是指这种气色。

气色三

科名中人，以黄为主，此正色也。黄云盖顶，必掇大魁；黄翅入鬓，进身不远；印堂黄色，富贵逼人；明堂素净，明年及第。他如眼角霞鲜，决利小考；印堂垂紫，动获小利；红晕中分，定产佳儿；两颧红润，骨肉发迹。由此推之，足见一斑矣。

【译文】

对于求取功名的士子来说，面部气色应该以黄色为主，因为黄色是正色、吉色。如果有一道黄色的彩云覆盖在他头顶，那么这位士子必然会在科考殿试中一举夺魁，高中状元；如果两颧部位各有一片黄色向外延展，像两只翅膀直插双鬓，那么这位士子离登科升官或封爵受禄已经为期不远；如果命宫印堂呈黄色，那么这位士子很快就会大富大贵；如果明堂部位（即鼻子）白润而净洁，那么这位士子必能科考登第。其他面部气色，如眼角，即鱼尾部位红紫二色充盈，其状似绚丽的云霞，那么这位士子小考必然

能够顺利考中；如果命宫印堂有一片紫色向上发动，那么此人经常会有一些钱财之利；如果两眼下方各有一片红晕，而且被鼻梁居中分隔开来，从而互不连接，那么这人肯定会喜得贵子；如果颧骨部位红润光泽，那么可以肯定，此人的亲人必然能够立功显名、飞黄腾达。由此推而广之，足可以窥见面部气色与人命运的关系。

气色四

　　色忌青，忌白。青常见于眼底，白常见于眉端。然亦有不同：心事忧劳，青如凝墨；祸生不测，青如浮烟；酒色愆倦，白如卧羊；灾晦催人，白如傅粉。又有青而带紫，金形遇之而飞扬；白而有光，土庚相当亦富贵，又不在此论也。最不佳者："太白夹日月，乌鸟集天庭，桃花散面颊，赪尾守地阁。"有一于此，前程退落，祸患再三矣。

【译文】

　　面部气色忌讳青色，也忌讳白色。青色一般出现在眼睛下方，白色则经常出现在眉端。它们的具体情形又有差别：如果是因为心事烦扰而面呈青色，那么这种青色多半浓而且厚，形状像凝固的墨痕；如果是因为遭遇飞来横祸而面呈青色，那么这种青色一定轻重不均匀，像浮烟一样浓淡不一；如果是因为嗜酒好

训练湘军时的曾国藩

冰 鉴

〇四九

色、精神疲惫而面呈白色，那么它的形状一定像一头蜷卧的白羊，不久就会消散；如果是因为遭遇了大灾难而面呈白色，那么这种白色一定像枯骨一样阴惨，充满死气。还有青中带紫的气色，如果是金形人遇到这种气色，一定能够飞黄腾达；也有白润光泽的气色，土形兼金形人面上呈现这种气色，也会获得富贵。这些都是特例，不在以上所论之列。而最为不佳的，则是以下四种气色："眼圈周围都是白色，额头集聚黑色，或面颊布桃红斑，地阁为浅赤色。"只要有其中的一种面色，都会前途黯淡，灾祸连连。

◆气色要义◆

"气色"对人之命运有非常重要的影响，从大处说，可推测一生的祸福；从小处讲，也能主三五个月的吉凶。大处者，是与生俱来，不会轻易变化的；小处者，是临时而发，随时而变，或明或暗，变动不居的。因此，曾国藩认为："大者主一生祸福，小者亦三月吉凶。"

曾国藩书法扇面

"气"为"至精之宝"，与人的健康状况和命运的寒滞顺畅息息相关，由"气"能知人命运；"气"又有人心、人性的指示作用，由人之"气"能看出人的性格优劣和品德高下，即"气乃形之本，察之见贤愚"。不过人以气为主，气在内为精神，在外为气色，气色变化不定，在观察气色时应持变化的观念，不能作机械式的判断。"人以气为主"，是说"气"对人非常重要，处在主宰的地位；"于内为精神，于外为气色"，是说"气"有内外两种存在形式，内在存在形式是"精神"，外在存在形式为"气色"；换句话说，观察"气"，既要观察内在的"精神"，又要观察外在的"气色"。这两句话实际上指出了观察"气"的门径，也指明了"精神"与"气色"的实质。

　　人一生要经历漫长的路程，大致说来有四个时期：幼年时期、青年时期、壮年时期和老年时期。在各个阶段，人的生理和心理发育和变化都有一定差异，有些方面甚至非常显著。表现在人的肤色上，则有明暗不同的各种变化。这就如同一株树，初生之时，色薄气稚，以稚气为主；生长之时，色明气勃；到茂盛之时，色丰而艳；及其老时，色朴而实。人与草木俱为天地之物，而人更钟天地之灵气，少年之时，色纯而雅；青年之时，色光而洁；壮年之时，色丰而盛；老年之时，色朴而实，这就是人一生几个阶段气色变化的大致规律。

　　人的生理状态和情绪，常常随季节和气候的变化而变化，而这种内在变化就会引起气色的变化，所以季节不同、

湖南娄底曾国藩故居

气候变化，人的气色也不同。所谓"春青、夏红、秋黄、冬白"，是取其与四时气候相应所做的比拟。青色，生气勃勃之色也。夏季，赤阳高照，天地为炉，人类的情绪，此时最为激动。五行上夏属火，火色红，于人则为心，心动则气发，气发于皮肤呈红色。秋季，风清气爽，天高云轻，万木黄凋，人类受此种肃杀之气的感染，情绪多凄惶悲凉。秋属金，金色白，"金"为兵器，"白"为凶色，虽然得正，却非所宜。宜黄者，以土生金，不失其正，而脾属土，养脾以移气，所以说"秋黄"。冬季，朔风凛冽，砭人肌骨，秋收冬藏，人类生活此时趋于安逸，冬属水，水色黑，于人则为肾，肾亏则色黑。

"一月之气色"，随月亮的隐现而发，初一日之后，气色如枝叶之生发，清盛可见，十五之后，气色就若隐若现，如月圆之后，渐渐侵蚀而消失。

"一日之气色"，则因早、中、晚气候的变化而大致有小范围的变化：早晨气色复苏，如春天之草绿；中午气色饱满充盈，如树木之夏茂；傍晚气色渐隐渐伏；夜间气色平静安宁，即秋收冬藏之义。在论以"色"观人时，曾国藩说："惨怿之情在于色。"即通过对一个人"色"的观察，可以看出他情感的表现。因色是情绪的表征，色悦者则其情欢，色沮者则其情悲。

色，主要是指人的面色："夫声畅于气，则实存貌色。故：诚仁，必有温柔之色；诚勇，必有矜奋之色；诚智，必有明达之色"。气流的通畅发出了声音，一个人的性格则会在相貌和气色上有所流露。所以，仁厚的人必有温柔的貌色，勇敢的人必有激奋的气色，智慧的人必有明朗豁达的面色。

古人认为，人禀气而生，"气"有清浊、昏明、贤鄙之分，人有寿夭、善恶、贫富、贵贱、尊卑的不同，这些由"气"能反映出来。气运生化，人就有各种不同的命运和造化。"气"旺，则生命力强盛；"气"衰，则生命力衰弱。生命力旺盛与否，与他日常行事的成败有密切联系，生命力不强，难以夜以继日顽强地与困难做斗争，自然难以成功。生命力旺盛，则能长期充满活力、精神焕发，是战胜困难，取得成功的重要条件。但是"气"的旺衰，与人之好动好静并不一样。好静好动与性格有关，"气"则与之无直接联系。同时应注意，有的人"气"躁，其人好动，"气"沉，其人好静。人"气"与这儿所讲的"气"不是一回事，应区分。

"色"，就人体而言，指肤色，或黑或白，或泽或暗。古人认为，"色"与"气"的关系是流与源的关系。"色"来源于"气"，是"气"的外在表现形式。"气"是"色"之根本，"气"盛则"色"佳，"气"衰则色悴。如果"气"有什么变化，"色"也随之变化。

立业兴家之言

家书

JIA SHU

修身篇

曾国藩在自己的一生中，总结了许多修身"秘诀"，很多人都想从他身上学到成功的修身处世之道，永远立于人生的不败之地。梁启超就对曾国藩倾心推崇，他曾说："吾谓《曾文正集》，不可不日三复也。"

禀父母（劝弟勿夜郎自大）

【原文】

男国藩跪禀父母亲大人万福金安：

六月廿日，接六弟五月十二书，七月十六，接四弟、九弟五月廿九日书。皆言忙迫之至，寥寥数语，字迹潦草，即县试案首、前列，皆不写出。同乡有同日接信者，即考古、考老生，皆已详载。同一折差也，各家发信，迟十余日而从容；诸弟发信，早十余日而忙迫，何也？且次次忙迫，无一次稍从容者，又何也？

【译文】

儿子国藩跪着禀告父母亲大人万福金安：

六月二十日，我接到六弟五月十二日的来信，七月十六日，接到四弟和九弟五月二十九日的来信。都说非常忙，短短的几句话，字迹也很潦草，就连县里考试的头名和前几名是谁也都没有写上告诉我。同乡中间有同一天接到信的，连考古、考老生的情况都详细地写在信中了。都是一样的信差，别的人家晚了十多天发信都是从容不迫的；为什么弟弟们早了十多天发信还这么匆忙呢？并且每次都说很忙，没有一次稍微从容一些的，这又是怎么回事呢？

男等在京，大小平安，同乡诸家皆好；惟汤海秋于七月八日得病，初九日未刻即逝。六月廿八考教习，冯树堂、郭筠仙、朱啸山皆取。湖南今年考差，仅何子贞得差，余皆未放，惟陈岱云光景最苦。男因去年之病，反以不放为乐。

王仕四已善为遣回，率五大约在粮船回，现尚未定。渠身体平安，二妹不必挂心。叔父之病，男累求详信直告，至今未得，实不放心。甲三读《尔雅》，每日二十余字，颇肯率教。

六弟今年正月信，欲从罗罗山处附课，男甚喜之！后来信绝不提及，不知何故？所付来京之文，殊不甚好。在省读书二年，不见长进，男心实忧之而无如何，只恨男不善教诲而已。大抵第一要除骄傲气习，中无所有而夜郎自大，此最坏事。四弟、九弟虽不长进，亦不自满，求大人教六弟，总期不自满足为要。余俟续陈。男谨禀。（道光二十四年七月廿日）

儿等在京城，大小平安，同乡的各家也都很好；只有汤海秋在七月八日生病，初九那天的未刻就逝世了。六月二十八日考教习，冯树堂、郭筠仙、朱啸山都考取了。湖南今年以考试定差使，只有何子贞得到差使了，其余的都没有外放，只有陈岱云的情形最困苦。我因为去年的病，反而由于没被外放而高兴。

王仕四已经被妥善地遣送回去了，率五大约乘粮船回来，现在还没有定下来。他们的身体都平安，二妹不必挂念。叔父的病，儿子多次请求详细据实地告知我，可至今没有收到任何消息，我实在是不放心。甲三学习《尔雅》，每天学二十多个字，还是很愿意听讲受教的。

六弟今年正月的来信中提到，想到罗罗山那里听课，

《曾国藩家训》书影

我听了很高兴！可后来的信中再也没有提到这件事，不知道是因为什么？他所寄来的信，写得实在是很不好。他在省城读了两年书，也没有什么进步，我心里很忧虑，又无可奈何，只恨我不善于教诲罢了。总之最重要的是要去掉骄傲的习气，肚子里没有什么学问却又夜郎自大，这是最坏事的。四弟、九弟虽说不长进，但不自满，求双亲大人教导六

弟，不要自满自足。其余下次再告知。儿子谨禀。（道光二十四年七月二十日）

致诸弟 （劝弟谨记进德修业）

【原文】

四位老弟左右：

昨廿七日接信，快畅之至，以信多而处处详明也。四弟、《七夕诗》甚佳，已详批诗后，从此多作诗亦甚好，但须有志有恒，乃有成就耳。余于诗亦有工夫，恨当世无韩昌黎及苏、黄一辈人可与发吾狂言者。但人事太多，故不常作诗；用心思索，则无时敢忘之耳。

【译文】

四位老弟左右：

昨天，也就是二十七日，我接到来信，觉得很畅快，因为回信多而且所写的事也都很详细明白。四弟的《七夕诗》写得很好，我的意见已经详细地批在诗后，从此希望你多作诗，但一定要有恒定的志向才能有成就。我对诗也下了一些功夫，可是遗憾现在没有韩愈、苏轼和黄庭坚这样的人，可以让我和他们一起切磋、畅所欲言。我需要应酬的事太多了，所以不能经常作诗歌；不过我还是时刻不忘用心思索的。

【原文】

吾人只有进德、修业两事靠得住。进德，则孝弟仁义是也；修业，则诗文作字是也。此二者由我作主，得尺则我之尺也，得寸则我之寸也。今日进一分德，便算积了一升谷；明日修一分业，又算余了一文钱。德业并增，则家私日起。至于功名富贵，悉由命定，丝毫不能自主。昔某官有一门生为本省学政，托以两孙，当面拜为门生。后其两孙岁考临场大病，科考丁艰，竟不入学。数年后两孙乃皆入，其长者仍得两榜。此可见早迟之际，时刻皆有前定，尽其在我，听其在天，万不可稍生妄想。六弟天分较诸弟更高，今年受黜，未免愤怨，然及此正可困心横虑，大加卧薪尝胆之功，切不可因愤废学。

【译文】

　　对于我们这样的人来说，只有进德和修业这两件事是靠得住的。进德，指培养自己孝、悌、仁、义的品德；修业，指磨炼自己作诗、写文章的本领。这两件事都是能由我自己做主的，取得一尺的进步就是我自己的一尺，取得一寸的进步就是我自己的一寸。今天我养成了一分好的品德，就算是积了一升的粮食；明天我增长了一分的学业，就又算是存了一分钱的财富。我的品德和学问都在增进，那么家业就会一天天地兴旺起来。至于功名和富贵，那都是命运所决定的，我一点也不能自己做主。过去，某官员有一个门生是本省的学政，这个官员就把他的两个孙子托付给自己的门生帮忙，让他们当面拜这个门生为老师。后来，那两个孙儿在考试时生了一场大病，到了科考又因父母的丧事而缺席，所以没能入学。几年之后，这两个人才入学，年纪大的仍旧得了两榜的科名。可见，入学早或晚都是命中注定的。考的方面虽在个人，但能否考取却是上天的安排，你们千万不要产生妄想。六弟天分比其他弟弟高些，今年没有考取，不免产生气愤和埋怨。但到了这一步应该自己衡量一番，发挥卧薪尝胆的精神，绝不能因为气愤而废止学习。

【原文】

九弟劝我治家之法，甚有道理，喜甚慰甚。自荆七遣去之后，家中亦甚整齐，问率五归家便知。《书》曰："非知之艰，行之维艰。"九弟所言之理，亦我所深知者，但不能庄严威厉，使人望若神明耳。自此后，当以九弟言书诸绅而刻刻警省。

季弟天性笃厚，诚如四弟所云"乐何如之"。求我示读书之法及进德之道。另纸开示，余不具。国藩手草。（道光二十四年八月廿九日）

【译文】

九弟劝我治家的方法很有道理，我感到很高兴，也很欣慰。自从荆七被调派出去后，家里也还整齐，等率五回来问便知道。《尚书》中说："不是认识事物难，而是认识之后去实行难。"九弟所说道理，我早已知道，但我做不到庄严威厉，使人产生敬畏。此后，我会以九弟的批评作为座右铭，时刻警惕反省自己的。

季弟的天性是朴实敦厚的，正像四弟所说的"他总是乐呵呵的"。他要求我指示读书的方法和进德的途径。我在别的纸上另外开列出来了，其余的就不多写了。国藩手草。

（道光二十四年八月二十九日）

致诸弟（劝弟切勿恃才傲物）

【原文】..

四位老弟足下：

　　前次回信内有四弟诗，想已收到。九月家信有送率五诗五首，想已阅过。

　　吾人为学，最要虚心。尝见朋友中有美材者，往往恃才傲物，动谓人不如己，见乡墨则骂乡墨不通，见会墨则骂会墨不通，既骂房官，又骂主考，未入学者，则骂学院。平心而论，己之所为诗文，实亦无胜人之处，不特无胜人之处，而且有不堪对人之处。只为不肯反求诸己，便都见得人家不是，既骂考官，又骂同考而先得者。傲气既长，终不进功，所以潦倒一生，而无寸进也。

【译文】..

四位老弟足下：

　　上次的回信中有四弟的诗，想必你们已经收到了。九月我寄的家信中写给率五的五首诗，想必你们已经读过了。

　　我们研究学问，最重要的是虚心。我常看见朋友中有资质很好的人才，但他们往往恃着自己的才能而傲视一切，动不动就说别人不如自己，见了乡墨就说乡墨不通，见了会墨就说会墨不通，既骂房官，又骂主考，没有入学就骂学院。平心静气地说，他自己所作的诗文也实在没有什么特别的过人之处，不仅没有超过别人的地方，而且还有见不得人的地方。只是因为不肯从自己的身上找原因，用衡量别人的尺度反过来衡量自己，便觉得别人不行，既骂主持考试的官员，又骂同时考试而先录取的人。这些人越来越傲气，当然就不能进步了，所以穷困潦倒了一生而没有一丝一毫的成就。

【原文】

余平生科名极为顺遂，惟小考七次始售。然每次不进，未尝敢出一怨言，但深愧自己试场之诗文太丑而已。至今思之，如芒在背。当时之不敢怨言，诸弟问父亲、叔父及朱尧阶便知。盖场屋之中，只有文丑而侥幸者，断无文佳而埋没者，此一定之理也。

【译文】

我平生在科举考试方面非常顺利，只是小考考了七次才成功。但每次我没考中的时候都不敢有一句怨言，只是自己深深地惭愧，觉得自己在考试时所作的诗文太差了。今天想起这些来，还觉得如同有芒刺在后背上。那时我不敢发怨言的事，弟弟们问父亲、叔父和朱尧阶就会知道的。因为在考场中，只有文章丑陋而侥幸得中的事，而绝对没有文章好却被埋没的事，这是不容质疑的道理。

三房十四叔非不勤读，只为傲气太胜，自满自足，遂不能有所成。京城之中，亦多有自满之人，识者见之，发一冷笑而已。又有当名士者，鄙科名为粪土，或好作诗古文，或好讲考据，或好谈理学，嚣嚣然自以为压倒一切矣。自识者观之，彼其所造，曾无几何，亦足发一冷笑而已。故吾人用功，力除傲气，力戒自满，毋为人所冷笑，乃有进步也。

诸弟平日皆恂恂退让，第累年小试不售，恐因愤激之久，致生骄惰之气，故特作书戒之，务望细思吾言而深省焉，幸甚幸甚。国藩手草。（道光二十四年十月廿一日）

三房十四叔不是读书不勤奋的人，只是因为他傲气十足，自满自足，所以不能有所成就。京城之中，也有不少自满的人，认识他们的人，不过冷笑一声罢了。又有当下那些号称是名士的人，他们把通过科举考试而获取的功名看成粪土，他们或者喜欢作些古诗，或者搞点考据，或者好讲理学，吵吵闹闹自以为能压倒一切。看见他们的人，都觉得他们的成就也没有多少，也就冷笑一下。所以我们用功于学问，应努力去掉自身的傲气和自满，不被其他人耻笑，才能真的有所进步。

弟弟们素来都是谦虚的人，但是因为多年以来，小的考试都没有考中，所以自然会因为愤激了太久，以致产生骄惰的习气，所以我特别写信告诫你们，请务必想想我说的话，那样就好了。国藩手草。（道光二十四年十月二十一日）

谕纪泽（论读书做人之道）

【原文】

字谕纪泽儿：

余此次出门，略载日记，即将日记封每次家信中。闻林文忠家书即系如此办法。尔在省仅至丁、左两家，余不轻出，足慰远怀。

读书之法，看、读、写、作，四者每日不可缺一。看者，如尔去年看《史记》《汉书》、韩文、《近思录》，今年看《周易折中》之类是也。读者，如《四书》《诗》《书》《易经》《左传》诸经，《昭明文选》，李、杜、韩、苏之诗，韩、欧、曾、王之文，非高声朗诵则不能得其雄伟之概，非密咏恬吟则不能探其深远之韵。譬之富家之居积：看书则在外贸易，获利三倍者也；读书则在家慎守，不轻花费者也。譬之兵家战争：看书则攻城略地，开拓土宇者也；读书则深沟坚垒，得地能守者也。看书与子夏之"日知所亡"相近，读书与"无忘所能"相近，二者不可偏废。至于写字，真、行、篆、隶，尔颇好之，切不可间断一日。既要求好，又要求快。余生平因作字迟钝，吃亏不少。尔须力求敏捷，每日能作楷书一万则几矣。至于作诸文，亦宜在二三十岁立定规模；过三十后，则长进极难。作四书文、作试帖诗、作律赋、作古今体诗、作古文、作骈体文，数者不可不一一讲求，一一试为之。少年不可怕丑，须有狂者进取之趣。此时不试为之，则后此弥不肯为矣。

字谕纪泽儿：

　　我这次出外，概要地写了一些日记，并将日记装进每次家信中。听说林文忠公的家书，也是采取这种方法。你在省城只去丁义方、左季高家，其余不轻易出去，这足以使我在远方得到安慰。

　　读书的方法，默看、朗读、写字、作文，四项每天都不能缺少。所谓看，比如你去年看《史记》《汉书》、韩愈文章、《近思录》，今年看《周易折中》之类便是。所谓读，比如《四书》《诗经》《尚书》《易经》《左传》等经书，《昭明文选》，李白、杜甫、韩愈、苏轼的诗，

欧阳修像

韩愈、欧阳修、曾巩、王安石的散文，不高声朗诵便体会不到其雄伟的气势，不细咏静吟便体会不出其深远的余韵。好比富贵人家储存，看书则是在外贸易，可能获取三倍的利润；朗读则是在家守财，不会轻易花费。又好比兵家打仗，看书则是攻打城池、掠夺土地、开拓疆域；朗读则是深挖濠沟、加固堡垒，所得之地可以坚守不失。看书和子夏"每天获得新的知识"的说法相近，朗读

和"不要忘记已有的知识"相近。两项中不可缺少任何一项。至于写字，楷书、行书、篆书、隶书，你都很喜欢，千万不能中断练习。既要追求写得好，又要追求写得快。我生平因为写字慢，吃亏不少。你必须努力追求敏捷，每天能写楷书一万字就差不多了。至于写作各种文章，也应当在二三十岁时建立基础；过三十岁以后，则很难再有长进了。作八股文，作科举考试的试帖诗，作律赋，作古体诗、近体诗，作古文，作骈体文，这些种类不能不逐一讲究、探求，逐一练习、写作。少年时不要怕出丑，要有狂傲进取的志向。当时不愿意尝试着去做，过后就更不愿意做了。

【原文】┈┈┈┈┈┈┈┈┈┈┈┈┈┈┈┈┈┈┈┈┈┈┈┈┈┈┈┈┈┈

　　至于做人之道，圣贤千言万语，大抵不外"敬恕"二字。"仲弓问仁"一章，言"敬恕"最为亲切。自此以外，如"立则见其参于前也，在舆则见其倚于衡也"；"君子无众寡，无小大，无敢慢，斯为泰而不骄；正其衣冠，俨然人望而畏，斯为威而不猛"。是皆言敬之最好下手者。孔言欲立立人，欲达达人；孟言行有不得，反求诸己。以仁存心，以礼存心，有终身之忧，无一朝之患。是皆言恕之最好下手者。尔心境明白，于"恕"字或易著功，"敬"字则宜勉强行之。此立德之基，不可不谨。

　　科场在即，亦宜保养身体。余在外平安，不多及。涤生手谕。（咸丰八年七月廿一日）

　　至于做人的方法，古代圣人贤者千言万语，大体不外乎敬恕二字。《论语》中"仲弓问仁"一节，讲敬恕最为贴切。除此之外，例如"站立的时候，就看见（忠诚、老实、忠厚、严肃）几个字显现在眼前，在车上就如同看见它刻在车前的横木上"；"君子不论多与寡，不论强与弱，都不敢轻慢，这就是安泰而不骄纵；使衣帽整齐，表情庄重，别人看见就会产生敬畏感，这就是威武但不凶恶"。这些都是讲敬字时最容易做到的。孔子说自己想要站得住便同时也使别人站得住，自己要事情行得通也要使别人事情行得通；孟子说行为如果没达到预期的效果，就要反过来反省自己。心中装有仁义，心中装有礼仪，有终身的忧虑，无一时的祸患。这些都是讲恕字时最容易做到的。你心中明白，在恕字上或许容易显出成效，敬字则应当努力实行。这是建立德业的基础，不能不谨慎从事。

　　马上就要科举考试了，你应当注意保养自己的身体。我在外很平安，不多说了。涤生手谕。（咸丰八年七月二十一日）

致九弟季弟（九戒傲惰二字）

【原文】

沅、季弟左右：

恒营专人来，接弟各一信并季所寄干鱼，喜慰之至。久不见此物，两弟各寄一次，从此山人足鱼矣。

沅弟以我切责之缄，痛自引咎，惧蹈危机而思自进于谨言慎行之路，能如是，是弟终身载福之道，而吾家之幸也。季弟信亦平和温雅，远胜往年傲岸气象。

【译文】

沅弟、季弟左右：

恒营派专人来，接到你们各自写的一封信还有季洪寄给我的干鱼，我深深感到高兴和欣慰。好久不见干鱼了，两位弟弟各寄给我一次，从此我这山人可以有足够吃的鱼了。

沅浦读了我深切指责的信，狠狠反省了自己的错误，害怕陷入危机而想走上谨言慎行的道路，如果真能如此，是沅弟一辈子享福的途径，也是我们全家的幸运。季洪弟的信也写得平和温雅，远远胜过往年高傲的样子。

【原文】

吾于道光十九年十一月初二日进京散馆，十月二十八早侍祖父星冈公于阶前，请曰："此次进京，求公教训。"

星冈公曰："尔的官是做不尽的，尔的才是好的，但不可傲。'满招损，谦受益'，尔若不傲，更好全了。"遗训不远，至今尚如耳提面命。今吾谨述此语诰诫两弟，总以除"傲"字为第一义。唐虞之恶人，曰"丹朱傲"，曰"象傲"；桀纣之无道，曰"强足以拒谏，辩足以饰非"，曰"谓己有天命，谓敬不足行"，皆傲也。

吾自八年六月再出，即力戒"惰"字以儆无恒之弊。近来又力戒"傲"字。昨日徽州未败之前，次青心中不免有自是之见；既败之后，余益加猛省。大约军事之败，非傲即惰，二者必居其一；巨室之败，非傲即惰，二者必居其一。

余于初六日所发之折，十月初可奉谕旨。余若奉旨派出，十日即须成行。兄弟远别，未知相见何日。惟愿两弟戒此二字，并戒各后辈常守家规，则余心大慰耳。（咸丰十年九月廿四日）

【译文】

我在道光十九年（1839）十一月初二日进京散馆，十月二十八日早晨陪侍祖父星冈公站在庭院的台阶前，请求祖父训示，说道："此次进京城，请您教训。"星冈公说："你的官是做不尽的，你的才能是好的，但是不能骄傲。'骄傲自满招来损害，谦虚谨慎得到益处'，你如果不骄傲，就全都好了。"祖父的遗训，隔的时间还不久远，至今还像提着耳朵当面叮咛一样。今天我郑重地叙述这段话告诫你们，千言万语，总而言之，以除掉"傲"字为最主要的。

古代圣人唐尧虞舜说到可憎恶的人时说"丹朱，骄傲"，又说"象，骄傲"；古人评论桀纣的昏乱无道时说"他的力量强大到足以拒绝谏言，其辩论的才能足以掩饰错误"，又说"认为自己有天命，认为敬天不值得照办"，这些都是"傲"的表现。

我自从咸丰八年（1858）六月再次出来从政，就努力克服"惰"字，以戒除自己没有恒心的毛病。近来又努力克服"傲"字。前些日子徽州没有失败之前，李次青心中不免有些自以为是的成见；徽州失败之后，我更加强烈地反省。大约军事上的失败，不是由于骄傲，就是因为懒惰，二者之中必定有一种；一个大家富户的衰败，不是由于骄傲，就是因为懒惰，二者之中也必然有一种。

我在初六日所发的奏折，到十月初就可以接到皇上的谕旨。我如若奉旨出发，十日内就必须起程。兄弟远远地分别了，不知哪一天才能相会。但愿你们两个人大力戒除此二字，并告诫后辈们常常遵守家规，这样我心里就得到很大的安慰了。（咸丰十年九月二十四日）

致九弟季弟（宜刚柔并济）

【原文】┈┈┈┈┈┈┈┈┈┈┈┈┈┈┈┈┈┈┈┈┈┈┈┈┈

沅、季弟左右：

沅于"人概""天概"之说，不甚厝意，而言及势利之天下，强凌弱之天下。此岂自今日始哉？盖从古以然矣。

从古帝王将相，无人不由自强自立做出，即为圣贤者，亦各有自立自强之道，故能独立不惧，确乎不拔。昔余往年在京，好与诸有大名大位者为仇，亦未始无挺然特立、不畏强御之意。近来见得天地之道，刚柔互用，不可偏废，太柔则靡，太刚则折。刚非暴戾之谓也，强矫而已；柔非卑弱之谓也，谦退而已。趋事赴公，则当强矫，争名逐利，则当谦退；开创家业，则当强矫，守成安乐，则当谦退；出与人物应接，则当强矫，入与妻孥享受，则当谦退。若一面建功立业，外享大名，一面求田问舍，内图厚实，二者皆有盈满之象，全无谦退之意，则断不能久。此余所深信，而弟宜默默体验者也。

身穿朝服的曾国藩

（同治元年五月廿八日）

【译文】

沅、季弟左右：

沅弟对于"人概""天概"的说法，不是很放在心上，并说现在是势利的天下，以强凌弱的天下。这难道是从今天才开始的吗？大概自古以来就如此的。

古代的帝王将相，没有一个人不是由自强自立做起的，就是圣人、贤者，也各有自强自立之道，所以能够独立而不惧怕，坚定而坚忍不拔。我往年在京城，喜欢与名声大、地位高的人作对，也未尝没有挺然自立、不畏强暴的意思。近来才悟出天地间的道理，原来就是刚柔互用、不可偏废，太柔就会烂垮，太刚就会折断。刚不是暴戾的意思，而是刚强有力；柔不是卑微软弱的意思，而是谦虚退让。办事情、赴公差，要刚强有力，名利当前，要谦和礼让；开创家业，要刚强有力，守成安乐，要谦和礼让；出外与别人应酬接触，要刚强有力，在家与妻子享受，要谦和礼让。如果一方面建功立业，在外享有盛名，一方面又要买田置地、造房建屋，追求安逸舒适的生活，那么，这两方面都有满盈的征兆，完全缺乏谦退礼让的意思，是绝对不能长久的。我对于这个道理深信不疑，希望弟弟们也默默去体会它的深意。（同治元年五月二十八日）

劝学篇

曾国藩一生好学，他总结出了许多很有价值的学习方法，对后人有很大的启发。这一点，毛泽东认为是金玉之言。他曾这样谈到曾国藩的治学方法："为学之道，先博而后约，先中而后西，先普通而后专门。尝见曾文正公家书有云：'吾阅性理书时，又好作文章；作文章时，又参以他务，以致百不一成。'此言岂非金玉！"

致诸弟（宜多切磋）

【原文】

诸位老弟足下：

正月十五日接到四弟、六弟、九弟十二月初五日所发家信。

四弟之信三叶，语语平实，责我待人不恕，甚为切当。谓月月书信徒以空言责弟辈，却又不能实有好消息，令堂上阅兄之书，疑弟辈粗俗庸碌，使弟辈无地可容云云。此数语，兄读之不觉汗下。

我去年曾与九弟闲谈云："为人子者，若使父母见得我好些，谓诸兄弟俱不及我，这便是不孝；若使族党称道我好些，谓诸兄弟俱不如我，这便是不弟。"何也？盖使父母心中有贤愚之分，使族党口中有贤愚之分，则必其平日有讨好底意思，暗用机计，使自己得好名声，而使其兄弟得坏名声，必其后日之嫌隙由此而生也。刘大爷、刘三爷兄弟皆想做好人，卒至视如仇雠。因刘三爷得好名声于父母族党之间，而刘大爷得坏名声故也。今四弟之所责我者，正是此道理，我所以读之汗下。但愿兄弟五人各各明白这道理，彼此互相原谅。兄以弟得坏名为忧，弟以兄得好名为快。兄不能使弟尽道得令名，是兄之罪，弟不能使兄尽道得令名，是弟之罪。若各各如此存心，则亿万年无纤芥之嫌矣。

【译文】 ···

诸位老弟：

正月十五日接到四弟、六弟、九弟十二月初五日所发的家信。

四弟的信写了三页，句句实在，责备我对人不宽容，四弟说得非常对。信中说我每月写信只是用空洞的言语责备弟弟，却又不能有实在的好消息，叫父母听了我的话，便怀疑弟弟们粗俗庸碌，使弟弟们无地自容。这几句话，我看了后觉得很惭愧。

我去年曾经和九弟闲谈，讲道："做儿子的，如果使父母看见自己好些，其他兄弟都比不上我，这就是

曾国荃半身像

不孝；如果使族党称赞自己好，其他兄弟都不如我，这便是不悌"。这是为什么呢？因为在父母面前有讨好的意思，在暗中用计策，使自己得到好名声，而使其他的兄弟们得到坏的名声，这样做会使兄弟之间在日后产生矛盾和嫌隙。刘大爷、刘三爷兄弟都想做好人，最后却变成了仇敌就是因为这样的原因。刘三爷在父母和族人中得了好名声，而刘大爷却得了坏名声。今天四弟之所以责备我的原因，也就是这个道理，我读了信之后，感到无地自容。但愿我们兄弟五个都能明白这个道理，彼此能够互相原谅。哥哥以弟弟得到了坏的名声而感到担忧，而弟弟以哥哥得到了好的名声而高兴。哥哥不能尽道义上的责任使弟弟得好名声，是哥哥的罪过，弟弟不能尽道义上的责任使哥哥得好名声，是弟弟的罪过。如果我们这些兄弟都能这么想，那么即使是再过亿万年，我们之间也不会有一丝一毫的矛盾和嫌隙了。

【原文】

　　至于家塾读书之说，我亦知其甚难，曾与九弟面谈及数十次矣。但四弟前次来书，言欲找馆出外教书，兄意教馆之荒功误事，较之家塾为尤甚，与其出而教馆，不如静坐家塾。若云一出家塾便有明师益友，则我境之所谓明师益友者，我皆知之，且已夙夜熟筹之矣。惟汪觉庵师及欧阳沧溟先生是兄意中所信为可师者。然衡阳风俗，只有冬学要紧。自五月以后，师弟皆奉行故事而已。同学之人，类皆庸鄙无志者，又最好讪笑人（边注：其笑法不一，总之不离乎轻薄而已。四弟若到衡阳去，必以翰林之弟相笑。

薄俗可恶）。乡间无朋友，实是第一恨事，不惟无益，且大有损。习俗染人，所谓与鲍鱼处，亦与之俱化也。兄尝与九弟道及，谓衡阳不可以读书，涟滨不可以读书，为损友太多故也。今四弟意必从觉庵师游，则千万听兄嘱咐，但取明师之益，无受损友之损也。

接到此信，立即率厚二到觉庵师处受业。其束修，今年谨具钱十挂，兄于八月准付回，不至累及家中。非不欲从丰，实不能耳。兄所最虑者，同学之人无志嬉游，端节以后放散不事事，恐弟与厚二效尤耳。切戒切戒。凡从师，必久而后可以获益。四弟与季弟今年从觉庵师，若地方相安，则明年仍可从游。若一年换一处，是即无恒者见异思迁也，欲求长进难矣。此以上答四弟信之大略也。

【译文】┈┈┈┈┈┈┈┈┈┈┈┈┈┈┈┈┈┈┈

至于在家塾里读书的事，我也知道很难获得进步，我曾与九弟当面谈起过数十次。但四弟在上次的来信中说起，现在又想出外找馆教书，我的意思是在外馆教书比在家塾里耽误时间和荒疏功课更为严重，与其外出教书还不如在家塾中安静地学习呢。如果说离开家塾就会遇到良师益友，那么我们那里的能够成为良师益友的人我都了解，而且我早就想让弟弟们结识他们了。汪觉庵和欧阳沧溟先生都是我认为可以作为弟弟们老师的人选。衡阳的风俗是只有冬学最要紧。自五月以后，老师和弟子都因循守旧、敷衍了事。同在一起求学的人也都是庸碌鄙俗、没有志向的人，这样的人又是最喜欢讥讽别人的（边注：他们取笑的方法虽然

心千意正和谦致乐
名成德就谨慎重言

曾国荃书法对联

不一样，但总是离不开轻薄二字。四弟如果到衡阳去，他们必定会笑你是翰林的弟弟，这种坏的风俗令人厌恶）。乡间没有朋友实在是一件很让人觉得遗憾的事，不仅没有什么益处，而且大有害处。习俗能够传染人，就像人们说的，进入有鲍鱼的室内时间久了就闻不到那里的腥臭味道了，原因是自己被慢慢地同化了。我曾经和九弟提到过，不可以去衡阳读书求学，也不可以去涟滨求学读书，因为那里有很多对自己有损无益的学友。现在四弟的意思是一定要跟从汪觉庵老师学习，那就千万要听从我的嘱咐，只学明师的好处增益自己，而不要受那些无益有害的朋友的影响。

四弟接到这封信，便立即带上厚二到汪觉庵老师那里去学习。今年的学费是十挂钱，我在八月的时候一定寄回家，不会让家里为弟弟出学费。我不是不想把学费出得多一点，实在是我的财力做不到。让我最感到忧虑的是，和四弟一起求学的人没有志气而一味贪玩。我担心在端午节之后，他们就散漫不学习了，而弟弟和厚二也跟着学。你们一定记住不要学坏的样子啊，要戒散漫贪玩。凡是跟从老师学习的一定要学得时间长久然后才能获益。四弟与季弟今年跟从汪觉庵老师学习，如果环境好的话，明年还应该继续跟从他学习。如果一年换一个地方，那就是没有恒心，见异思迁的人要想取得进步是很难的。以上的这些是简单地答复四弟的来信。

六弟之信，乃一篇绝妙古文。排纂似昌黎，拗很似半山。予论古文，总须有倔强不驯之气，愈拗愈深之意，故于太史公外，独取昌黎、半山两家。论诗亦取傲兀不群者，论字亦然。每蓄此意而不轻谈。近得何子贞，意见极相合，偶谈一二句，两人相视而笑。不知六弟乃生成有此一枝妙笔。往时见弟文，亦无大奇特者，今观此信，然后知吾弟真不羁才也。欢喜无极，欢喜无极！凡兄所有志而力不能为者，吾弟皆可为之矣。

信中言兄与诸君子讲学，恐其渐成朋党。所见甚是。然弟尽可放心。兄最怕标榜，常存暗然尚䌹之意，断不至有所谓门户自表者也。信中言四弟浮躁不虚心，亦切中四弟之病。四弟当视为良友药石之言。

信中又有"荒芜已久，甚无纪律"二语。此甚不是。臣子与君亲，但当称扬善美，不可道及过错，但当谕亲于道，不可疵议细节。兄从前常犯此大恶，但尚是腹诽，未曾形之笔墨。如今思之，不孝孰大乎是？常与欧阳牧云并九弟言之，以后愿与诸弟痛惩此大罪。六弟接到此信，立即至父亲前磕头，并代我磕头请罪。

信中又言："弟之牢骚，非小人之热中，乃志士之惜阴。"读至此，不胜惘然，恨不得生两翅忽飞到家，将老弟劝慰一番，纵谈数日乃快。然向使诸弟已入学，则谣言必谓学院做情。众口铄金，何从辩起？所谓塞翁失马，安知非福？科名迟早，实有前定，虽惜阴念切，正不必以虚名萦怀耳。

【译文】

　　六弟的信，是一篇绝妙的古文。其刚健的文风像韩愈，其深奥的立意又像王安石。我认为古文总要有倔强不驯的风格和高深玄妙的寓意，所以除了太史公司马迁之外，只有韩愈、王安石两个人堪称典范了。评论诗作和书法，我也推崇那些傲然不群的作品。我只是时常这么想，却从不轻易地把自己的观点表达出来。近来和何子贞成为了朋友，我和他的意见总是非常一致，我们偶尔谈论一两句总是会彼此会意，两人相对而笑。我不知道六弟是什么时候练成现在这样的生花妙笔的，我过去时常看见你的信，写得也没有什么特别新奇的地方，今天看了这封信，才知道弟弟你果真是一个不羁的人才。我很高兴，我很高兴！看来凡是我这个做兄长有志向去做却力不从心的事，弟弟你都可以做到了。

　　信中说我与诸位君子讲学，恐怕时间久了渐渐结成朋党。你所说的非常对。但是弟弟你大可放心，我最怕的就是自我标榜，所以我经常想暗暗地掩盖自己，肯定不会用所谓的门户炫耀自己。信中说四弟浮躁不虚心，这确实说中了四弟的病根。四弟应当把六弟的话看作良友赠送的治病良药。

信中还有"学业被荒废已久，对儿子们一点也没有管束"两句话。这样讲很不对。臣子对君主，儿子对父亲，只应当称扬其善美，不可以谈论其过错，只应当在父亲面前讲明道理，不可以在细节上非议。我以前经常犯这种大罪过，但还只是心里头不满，没有用笔墨写出来。现在想起来，还有比这更大的不孝吗？我常对欧阳牧云和九弟谈到这

曾国藩书法对联

一点，今后希望能和弟弟们痛改这种大罪过。六弟接到这封信后，要立即到父亲面前磕头，并且也代我磕头请罪。

信中又说弟弟的牢骚不是出于小人急切追逐名利，而是出于有志之士对光阴的悯惜。读到这里，我心中不胜伤感，恨不得生出两只翅膀一下子飞回家中，劝慰老弟一番，和老弟畅谈几天才算痛快。不过假如过去弟弟们已经进了学堂，就一定会有谣言说学院送人情。众口铄金，怎么能辩得清楚呢？所谓塞翁失马，焉知非福？科举功名迟得或是早得，实际上是命中注定的，虽然你悯惜光阴的想法很迫切，但也不必因为虚名而给自己增加困扰。

　　来信言"看《礼记疏》一本半，浩浩茫茫，苦无所得，今已尽弃，不敢复阅，现读朱子《纲目》，日十余叶"云云。说到此处，兄不胜悔恨，恨早岁不曾用功，如今虽欲教弟，譬盲者而欲导人之迷途也，求其不误，难矣。然兄最好苦思，又得诸益友相质证，于读书之道，有必不可易者数端：穷经必专一经，不可泛骛。读经以研寻义理为本，考据名物为末。读经有一"耐"字诀——一句不通，不看下句，今日不通，明日再读，今年不精，明年再读，此所谓"耐"也。读史之法，莫妙于设身处地，每看一处，如我便与当时之人酬酢笑语于其间。不必人人皆能记也，但记一人，则恍如接其人。不必事事皆能记也，但记一事，则恍如亲其事。经以穷理，史以考事。舍此二者，更别无学矣。

　　盖自西汉以至于今，识字之儒约有三途：曰义理之学，曰考据之学，曰词章之学。各执一途，互相诋毁。兄之私意，以为义理之学最大。义理明，则躬行有要而经济有本。词章之学，亦所以发挥义理者也。考据之学，吾无取焉矣。此三途者，皆从事经史，各有门径。吾以为欲读经史，但当研究义理，则心一而不纷。是故经则专守一经，史则专熟一代，读经史则专主义理。此皆守约之道，确乎不可易者也。

　　若夫经史而外，诸子百家，汗牛充栋，或欲阅之，但当读一人之专集，不当东翻西阅。如读《昌黎集》，则目之所见，耳之所闻，无非昌黎。以为天地间除《昌黎集》而外，更别无书也。此一集未读完，断断不换他集，亦"专"

字诀也。六弟谨记之。读经、读史、读专集，讲义理之学，此有志者万不可易者也。圣人复起，必从吾言矣。然此亦仅为有大志者言之。若夫为科名之学，则要读"四书"文，读试帖、律赋，头绪甚多。四弟、九弟、厚二弟天质较低，必须为科名之学。六弟既有大志，虽不科名可也，但当守一"耐"字诀耳。观来信言读《礼记疏》，似不能耐者，勉之勉之。

【译文】

来信说看了《礼记疏》一本半，感觉浩浩茫茫的，没有什么收获，现在已经不再继续读了，现在读的书是朱子的《纲目》，每天读十多页。说到这里，我这个做兄长的感到十分悔恨，恨自己早年读书不够用功，如今我虽然想教导弟弟，可就好像盲人想要给别人引路一样力不从心，要想不出错是太难了。但我最喜欢认真思考，又能和几位好朋友相互学习和探讨，所以我对于读书的道理，有几点不可动摇的心得：读经必须专心于一门经，不可以广泛涉猎，贪多难化。读经以研究和寻找义理为基础，考据事物是次要的。读经有一个"耐"字诀——一句话不理解就不要看下一句，今天没有理解，明天继续研读，今年不能理解，明年继续再读，这就叫有耐心。读史的方法，最妙的是设身处地地思考，每看到一处时，就好比自己是当时的人在其中应酬宴请。不必要记得书中每一个人，只记住一个人，就好像在接近这个人一样。不必要记得书中每一件事，只记住一件事，就好像在亲身经历那件事一样。经主要是究追其中的义理，史主要是考证当时的事情。离开这两方面，也就没什么可学的了。

从西汉发展到今天，识字的读书人大约有三种途径：一是义理之学，二是考据之学，三是词章之学。读书人往往只支持其中一门学问而攻击其他两门学问。以我个人的见解来看，义理之学是最关键重大的。义理明白了，实行起来就能抓住事物的要害和根本。词章之学也是发挥义理的。考据之学，我觉得没有什么可取之处。这三种途径都可以用来从事经史的研究和学习，各有各的途径和方法。我觉得想读经史就应该先研究义理，那样就能更专一而不分散。所以经要专研读一本经，史要专攻读一代历史，读经史就要专注义理，这是不可更改的道理。

假如说到经史以外，诸子百家的书那就太多了，如果想读它，就应当单独选定一个人的专集来读，而不应当东翻西翻，胡乱选择。比如读《昌黎集》，那眼睛看的，耳朵听的，无非昌黎而已。认为天地间除《昌黎集》外，再没有其他书了。这一集没有读完，就坚决不换别的集，这也是"专"字的诀窍。六弟要牢牢记住。读经史或是读诸子百家的专集，都是讲究义理的学问，这是有志于此的人不可更改的规律。就算是圣人再世也一定会同意我所说的话。然而，这仅仅是对于那些有大志的人而言的。假如是为得到科

韩愈像

名而学习，那么就要读"四书"和试帖、律赋，要学的东西头绪很多。四弟、九弟、厚二弟天资较低，必须以取得科名为目的做学问。而六弟胸怀大志，可以不为获取科名而读书，但要牢牢守住"耐"字诀。信中说到六弟读《礼记疏》的事，似乎六弟是不能忍耐的人，希望能以"耐"字自勉！

【原文】

　　兄少时天分不甚低，厥后日与庸鄙者处，全无所闻，窍被茅塞久矣。及乙未到京后，始有志学诗、古文并作字之法，亦泊无良友。近年得一二良友，知有所谓经学者、经济者，有所谓躬行实践者，始知范、韩可学而至也，马迁、韩愈亦可学而至也，程、朱亦可学而至也。慨然思尽涤前日之污，以为更生之人，以为父母之肖子，以为诸弟之先导。无如体气本弱，耳鸣不止，稍稍用心便觉劳顿。每自思念，天既限我以不能苦思，是天不欲成我之学问也，故近日以来，意颇疏散。计今年若可得一差，能还一切旧债，则将归田养亲，不复恋恋于利禄矣。粗识几字，不敢为非以蹈大戾已耳，不复有志于先哲矣。吾人第一以保身为要。我所以无大志愿者，恐用心太过，足以疲神也。诸弟亦须时时以保身为念，无忽无忽！

　　来信又驳我前书，谓必须博雅有才，而后可明理有用。所见极是。兄前书之意，盖以躬行为重，即子夏"贤贤易色"章之意，以为博雅者不足贵，惟明理者乃有用，特其立论过激耳。六弟信中之意，以为不博雅多闻，安能明理有用？立论极精，但弟须力行之，不可徒与兄辩驳见长耳。

〇八五

我年少的时候天分并不低，只是后来常常和庸碌鄙俗的人相处，所以显得孤陋寡闻，思想很闭塞。自从道光十五年我来到京城后，就开始立志学习古诗、古文和书法，只可惜没有对我有帮助的好朋友在旁边督促。近年来，我交到了一两个这样的好朋友，才知道有所谓的经学和经营治理国家之学，有所谓的躬行实践，也才知道范仲淹、韩琦的境界能够达到，司马迁和韩愈的境界能够达到，程颢、程颐、朱熹的境界也能够达到。感慨之余，我想痛改以前的疏懒和污秽，重新求学上进，力求成为父母的孝子和弟弟们的榜样。可是我的身体太虚弱了，经常耳鸣不止，只要稍稍费心思考，我就会感到非常劳累。经常思念这说明老天爷在限制我苦思冥想，使我不能成就大的学问，所以我近日来意志疏懒、松散。如果我今年能够得到一个差事，就能为家里还清所有的旧债了，到那时我就回家乡赡养亲人，不再迷恋于功名利禄。粗略地认识一些字，不敢为非作歹就可以了，也不再立志学习古代的圣贤和先哲了。我们这样的人首先以保身为要义。我没有宏大志向的原因是唯恐操劳过度而使精神疲惫。各位弟弟也应该时时刻刻保持身体健康，不要疏忽了。

六弟在来信中又反驳我前一封信的内容，认为人必须博雅有才，然后方能明理有用。这一见解非常对。我前一封信的意思是强调以身体力行圣人的道理为重，也就是子夏"贤贤易色"章的意思。认为博雅的人不值得崇尚，只有明理的人才有用，只是一时观点过激而已。六弟信中的意思是认为不博雅多闻，怎么能明理有用？这一观点非常精当，只是弟弟还要努力实行它，不能只是和哥哥辩驳取胜而已。

　　来信又言四弟与季弟从游觉庵师，六弟、九弟仍来京中，或肄业城南云云。兄之欲得老弟共住京中也，其情如孤雁之求曹也。自九弟辛丑秋思归，兄百计挽留，九弟当能言之。及至去秋决计南归，兄实无可如何，只得听其自便。若九弟今年复来，则一岁之内忽去忽来，不特堂上诸大人不肯，即旁观亦且笑我兄弟轻举妄动。且两弟同来，途费须得八十金，此时实难措办。弟云能自为计，则兄窃不信。曹西垣去冬已到京，郭云仙明年始起程，目下亦无好伴。惟城南肄业之说，则甚为得计。兄于二月间准付银廿两至金竺虔家，以为六弟、九弟省城读书之用。竺虔于二月起身南旋，其银四月初可到。弟接到此信，立即下省肄业。

　　来信又谈到四弟和季弟跟随汪觉庵老师学习，六弟和九弟仍然来京城，或者是到城南学习等问题。我想让老弟们一起住在京城，这种心情就像是孤雁寻求伙伴一样热切。九弟在前年秋天想着回家，我曾经千方百计地挽留，九弟应当能够说出当时的情况。到去年秋天他下决心要回南方去，我实在无可奈何，只得听其自便。如果九弟今年再来，这样一年之中忽而去忽而来，不仅是家里的大人们不同意，就是旁人也将会讥笑我兄弟们举动轻率的。况且两位弟弟一同来，路费需要八十两银子，现在确实难以筹措。弟弟说能够自己想办法，而我内心却不相信。曹西垣去年冬天已经到了京城，郭云仙明年才从湖南动身，眼下也没有好的旅伴。只有到城南去学习的意见还很合适。我在二月里准捎二十两银子到金竺虔家，作为六弟和九弟到省城读书的费用。竺虔在二月里动身回南方，这笔银子在四月初就可以捎到。弟弟接到这封信，就可以立即到省城去学习。

【原文】::

省城中兄相好的，如郭云仙、凌笛舟、孙芝房，皆在别处坐书院。贺蔗农、俞岱青、陈尧农、陈庆覃诸先生皆官场中人，不能伏案用功矣。惟闻有丁君者（边注：名叙忠，号秩臣，长沙廪生）学问切实，践履笃诚。兄虽未曾见面，而稔知其可师。凡与我相好者，皆极力称道丁君。两弟到省，先到城南住斋，立即去拜丁君（边注：托陈季牧为介绍），执贽受业。凡人必有师，若无师，则严惮之心不生。即以丁君为师，此外择友则慎之又慎。昌黎曰："善不吾与，吾强与之附；不善不吾恶，吾强与之拒。"一生之成败，皆关乎朋友之贤否，不可不慎也。

来信以进京为上策，以肄业城南为次策。兄非不欲从上策，因九弟去来太速，不好写信禀堂上。不特九弟形迹矛盾，即我禀堂上，亦必自相矛盾也。又目下实难办途费。六弟言能自为计，亦未历甘苦之言耳。若我今年能得一差，则两弟今冬与朱啸山同来甚好。目前且从次策。如六弟不以为然，则再写信来商议可也。此答六弟信之大略也。

【译文】

　　省城中和我相好的人像郭云仙、凌笛舟、孙芝房都在别处书院教书。贺蔗农、俞岱青、陈尧农、陈庆覃各位先生都是官场中的人，不能再伏案用功了。只听说有位丁君(名叫叙忠，号秩臣，是长沙的廪生)学问扎实，行为厚道诚实。我虽然没有和他见过面，但深知这个人可以拜为老师。凡是和我相好的人都在我面前极力地称道他。两位弟弟到了省城，先到城南去住进学舍，然后立即去拜见丁君(托陈季牧做介绍)，送拜师的财礼而当他的学生。人必须有老师，如果没有老师，敬惧的念头就不会产生。就拜丁君为老师，此外选择朋友时要谨慎再谨慎。韩愈说过："贤人不和我交往，我要硬去主动接近他；不贤的人欢迎我，我要坚决地拒绝他。"人一生的成败，都和朋友的贤与不贤有很大关系，不可以不谨慎。

　　来信把到京城来作为上策，把在城南学习列为其次。我不是不想同意上策，只是因为九弟来去得太快，不好写信禀告父母。不只是九弟的行动矛盾，就是我禀告父母时也一定会自相矛盾的。另外眼下确实难以筹办路费。六弟说能够自己想办法，这也是没有经历过甘苦的幼稚话而已。如果我今年能得到一个差事的话，两位弟弟在今年冬天和朱啸山一起来最好。目前权且实行次策。如果六弟不同意我的意见，就再写信来商议也行。以上是简略地答复六弟的来信。

　　九弟之信，写家事详细，惜话说太短，兄则每每太长，以后截长补短为妙。尧阶若有大事，诸弟随去一人帮他几天。牧云接我长信，何以全无回信？毋乃嫌我话太直乎？扶乩之事，全不足信。九弟总须立志读书，不必想及此等事。季弟一切皆须听诸兄话。此次折弁走甚急，不暇抄日记本。余容后告。

　　冯树堂闻弟将到省城，写一荐条，荐两朋友，弟留心访之可也。兄国藩手草。（道光廿三年正月十七日）

【译文】

　　九弟信中写家里的事很详细，可惜话说得太短，我写信却经常是太长，以后我们截长补短最妙。朱尧阶如果有大事，弟弟们可以随去一个人帮他几天。欧阳牧云接到了我的长信，为什么一直不回信？是不是嫌我的话太直率呢？扶乩的事完全不可信。九弟一定要立志读书，不必去想这些事情。季弟一切都要听哥哥们的话。这次送公文的差人走得很急，顾不上抄日记本了。其他的事容以后我再写信告知。

　　冯树堂听说弟弟们将要到省城，写了一个条子向你们推荐两个朋友，你们可以留心去找一下。兄国藩手草。（道光二十三年正月十七日）

致诸弟（宜作如火如荼之文）

【原文】

四位老弟足下：

自三月十三日发信后，至今未寄一信。余于三月廿四日移寓前门内西边碾儿胡同，与城外消息不通。四月间到折差一次，余竟不知。迨既知，而折差已去矣。惟四月十九欧阳小岑南归，余寄衣箱银物并信一件。四月廿四梁蓂庄南归，余寄书卷零物并信一件。两信皆仅数语，至今想尚未到。四月十三黄仙垣南归，余寄闱墨并无书信，想亦未到。兹将三次所寄各物另开清单付回，待三人到时，家中照单查收可也。

【译文】

四位老弟足下：

自从三月十三日寄了一封信以后，到现在没有再寄过信。我在三月二十四日的时候搬到了前门内西边碾儿胡同里去住了，这里与城外不通消息。四月的时候信差来了一次，而我竟不知道。等我知道的时候，信差已经走了。四月十九日，欧阳小岑回湖南，我托他带回衣箱钱物和一封信。四月二十四日，梁蓂庄回湖南，我托他带回书卷、杂物和一封信。这两封信都只有几句话，可能现在你们还没收到。四月十三日，黄仙垣回湖南，我托他带回一批科考的答卷文字，但这次没有信，大概现在也还没有到。我现在把这三次寄的全部物品另开一张清单随信付回，等这三个人到达时，你们照单查收就可以了。

　　内城现住房共廿八间，每月房租京钱叁拾串，极为宽敞。冯树堂、郭筠仙所住房屋皆清洁。甲三于三月廿四日上学，天分不高不低，现已读四十天，读至"自修齐至治平"矣。因其年太小，故不加严。已读者，字皆能认。两女皆平安。陈岱云之子在余家亦甚好。内人身子如常，现又有喜，大约九月可生。

【译文】

　　我在内城的新住房一共有二十八间，每月房租是京钱三十串，住处很宽敞。冯树堂、郭筠仙所住的房屋也都很干净。甲三在三月二十四日上学，他的天分不高也不低，现在已经读了四十天的书，读到"自修齐至平治"那一章了。因为他的年龄太小，所以我管教他不是很严格。已经学过的生字他都能认得。两个女儿都平安。陈岱云的儿子在我家也很好。我妻子的身体还和以前一样，现在她又怀孕了，大约在九月的时候可以生产。

【原文】

　　余体气较去年略好，近因应酬太繁，天气渐热，又有耳鸣之病。今年应酬较往年更增数倍。第一、为人写对联条幅，合四川、湖南两省求书者几日不暇给。第二、公车来借钱者甚多，无论有借无借，多借少借，皆须婉言款待。

冰鉴

第三、则请酒拜客及会馆公事。第四、则接见门生。颇费精神。又加以散馆、殿试则代人料理，考差则自己料理。诸事冗杂，遂无暇读书矣。

【译文】

　　我的身体比去年好些了，近来因为应酬太多，再加上天气逐渐热了，我的耳鸣病又复发了。今年应酬比往年多了好几倍。第一，是要给别人写对联、条幅，四川、湖南两省加起来向我求字的人让我每天应接不暇。第二，是来借钱的人很多，不管有借没借，借多借少，都要好好接待。第三，是请酒拜客和会馆的公事。第四，是接见门生。这些事都很耗费人的精神。再加上散馆和殿试，这些事有人代替我办理，监考的事则是我自己办理。这么多事加在一起，我就没有时间读书了。

【原文】

　　……

　　五月十一日接到四月十三家信，内四弟、六弟各文二首，九弟、季弟各文一首。四弟东皋课文甚洁净，诗亦稳妥。"则何以哉"一篇亦清顺有法，弟词句多不圆足，笔亦平沓不超脱。平沓最为文家所忌，宜力求痛改此病。六弟笔气爽利，近亦渐就范围，然词意平庸，无才气峥嵘之处，非吾意中之温甫也。如六弟之天姿不凡，此时作文，当求议论纵横，才气奔放，作为如火如荼之文，将来庶有成就。不然一挑半剔，意浅调卑，即使获售，亦当自惭其文之浅薄不堪。

若其不售，则又两失之矣。今年从罗罗山游，不知罗山意见如何？吾谓六弟今年入泮固妙，万一不入，则当尽弃前功，一志从事于先辈大家之文。年过二十，不为少矣。若再扶墙摩壁，役役于考卷截搭小题之中，将来时过而业仍不精，必有悔恨于失计者，不可不早图也。余当日实见不到此，幸而早得科名，未受其害。向使至今未尝入泮，则数十年从事于吊渡映带之间，仍然一无所得，岂不腼颜也哉！此中误人终身多矣。温甫以世家之子弟，负过人之资质，即使终不入泮，尚不至于饥饿，奈何亦以考卷误终身也？

【译文】

......

五月十一日接到家中四月十三日寄来的信，其中四弟、六弟文章各两篇，九弟、季弟文章各一篇。四弟东皋习作文笔很干净，诗也写得很稳妥。尤其是"则何以哉"那篇，写得清顺得法，只是词句不够圆足，笔力也平沓不超脱。平铺直叙是写文章的人最忌讳的，要痛下决心戒除这个毛病。六弟笔锋爽利，近来写作不跑题了，但文章词意平庸，没有才气和峥嵘气象，不是我想象中的温甫。以六弟的不凡天资，这个时候写的文章应该是议论纵横，才气奔放，具有如火如荼的气势，只有这样，将来才能有所成就。不然，总是寓意低浅，语调卑微，就是得志了也要惭愧自己的文章浅薄。如果不得志，那又两方面都失掉了。今年弟弟跟从罗罗山学习，不知道他的意见怎么样？我觉得六弟如果今年考中秀才固然很好，万一不入，就应当尽弃前功，一心从事于先辈大家的文章。六弟现在已经过了二十岁，不年轻了。如果再热衷于考试中的小题目，将来时间过去了而学业仍然不精，肯定会悔恨自己现在的失策，所以不可不早为自己谋划。我当初没有看到这点，幸亏很早就取得了科名，没有受到它的危害。如果我至今没有考中秀才，那我几十年从事于这件事却一无所得，那不是很没有面子！在这件事上耽误了毕生时间的人很多。温甫是世家子弟又有过人的资质，就算不能进学，还不至于挨饿受冻，为什么也要在考卷上耽误终身呢？

【原文】

九弟要余改文详批，余实不善改小考文，当请曹西垣代改，下次折弁付回。季弟文气清爽异常，喜出望外，意亦层出不穷。以后务求才情横溢，气势充畅，切不可挑剔敷衍，安于庸陋。勉之勉之，初基不可不大也。书法亦有褚字笔意，尤为可喜。总之，吾所望于诸弟者，不在科名之有无，第一则孝弟为瑞，其次则文章不朽。诸弟若果能自立，当务其大者远者，毋徒汲汲于进学也。冯树堂、郭筠仙在寓看书作文，功无间断。陈季牧日日习字，亦可畏也。四川门生留京约二十人，用功者颇多。余不尽书。兄国藩草。

（道光廿四年五月十二日）

【译文】

九弟要我修改他的文章并详细批注，我实在不会改小考文章，所以我请曹西垣代我批改，下次让信差带回。季弟的文风非常清新，令我喜出望外，文章中的意境也是层出不穷。以后务求才情横溢和气势上的纵横流畅，千万不能挑剔敷衍，满足于平庸俗浅。努力努力，起初的基础一定要打坚实。弟弟的书法也有褚字的意味了，这是尤其值得高兴的事。总之，我寄希望于几位弟弟的，不是科名的有无，第一是孝悌，其次才是文章上的出色。几位弟弟如果真能自立，就应着眼于远大的目标，不要只是沉迷于进学这一件事。冯树堂、郭筠仙在京城寓所里看书作文，学业从未间断过。陈季牧也是天天习字，后生可畏。四川门生留京的大约有二十个，其中用功的很多。其他的事不一一写了。兄国藩草。（道光二十四年五月十二日）

致诸弟（必须立志猛进）

【原文】

四位老弟足下：

　　自七月发信后，未接诸弟信，乡间寄信，较省城百倍之难，故余亦不望也。

　　九弟前信，有意与刘霞仙同伴读书，此意甚佳。霞仙近来读朱子书，大有所见，不知其言语容止，规模气象何如？若果言动有礼，威仪可则，则直以为师可也，岂特友之哉？然与之同居，亦须真能取益乃佳，无徒浮慕虚名。人苟能自立志，则圣贤豪杰，何事不可为？何必借助于人？"我欲仁，斯仁至矣。"我欲为孔孟，则日夜孜孜，惟孔孟之是学，人谁得而御我哉？若自己不立志，则虽日与尧舜禹汤同住，亦彼自彼，我自我矣，何与于我哉？

【译文】 :::

四位老弟足下：

　　自从七月发信之后就再也没有收到弟弟们的信，在乡里寄信比在省城时要难多了，所以我也没有急切地盼望。

　　九弟在上次的信中说有意与刘霞仙一起读书，这个想法很好。刘霞仙近来读朱子的书，很有见地，但不知道他的谈吐容貌、行为举止怎么样？要是他真的是言语行为有礼节，他的威仪也能成为表率，那么把他当作自己的老师也可以，哪里只限于做朋友呢？但和他在一起也要真能得到收益才好，不要仅仅是仰慕别人的虚名。一个人假若自己能立志，那么成为圣贤豪杰或是做什么别的事情，有什么做不到的呢？何必一定要借助别人的力量呢？"我想成仁，仁便达到了。"我要做孔、孟，那就日夜孜孜以求，唯有孔、孟才去学，那么又有谁能阻止得了我呢？如果自己不立志，就算是天天和尧帝、舜帝、大禹、商汤在一起，也是他是他，我是我，又和我有什么关系呢？

【原文】 :::

　　去年温甫欲读书省城，吾以为离却家门局促之地而与省城诸胜己者处，其长进当不可限量。乃两年以来，看书亦不甚多，至于诗文，则绝无长进，是不得归咎于地方之局促也。去年余为择师丁君叙忠，后以丁君处太远，不能从，余意中遂无他师可从。今年弟自择罗罗山改文，而嗣后杳无信息，是又不得归咎于无良友也。日月逝矣，再过数年，则满三十，不能不趁三十以前立志猛进也。

【译文】

去年温甫想到省城读书，我以为离开自己家狭小的天地，而与省城那些比自己强的人相处，进步一定很明显。但两年以来，看的书也不多，至于诗文，更是没有一点长进，因而不能归咎于天地的狭小。去年我为他选择丁叙忠做老师，后来因丁老师离得太远，没有跟从他，我心中便觉得没有其他的人可以做老师了。今年弟弟自己选择了罗罗山做老师，以后却杳无音讯，这就不能归咎于没有良师益友了。日月时光飞逝，再过几年，就满三十岁了，不能不趁三十岁前，立下明确的志向，奋发努力。

【原文】

余受父教，而余不能教弟成名，此余所深愧者。他人与余交，多有受余益者，而独诸弟不能受余之益，此又余所深恨者也。今寄霞仙信一封，诸弟可抄存信稿而细玩之。此余数年来学思之力，略具大端。六弟前嘱余将所作诗录寄回，余往年皆未存稿，近年存稿者，不过百余首耳，实无暇

孔子像

冰鉴

〇九八

抄写，待明年将全本付回可也。国藩草。（道光廿四年九月十九日）

【译文】...

　　我受父亲教育，而不能教弟弟成名，这是我深感惭愧的。别人与我交往，都能从我身上受到教益，而唯独我的几位弟弟却不能受到教益，这又是我深感遗憾的。这次我寄给刘霞仙的一封信，各位弟弟可以把它抄下来仔细研究。这是我数年来学习思考的力作，粗略地谈了一些大的方面。六弟以前嘱咐我把作的诗抄录寄回，我往年都没有存稿，近年存了稿的只有一百多首，实在没有时间抄写，等明年我把全本抄好后再寄回来。国藩草。（道光二十四年九月十九日）

致诸弟（读书必须有恒心）

【原文】...

四位老弟足下：

　　前月寄信，想已接到。余蒙祖宗遗泽，祖、父教训，幸得科名，内顾无所忧，外遇无不如意，一无所缺矣。所望者，再得诸弟强立，同心一力，何患令名之不显，何患家运之不兴？欲别立课程，多讲规条，使诸弟遵而行之，又恐诸弟习见而生厌心；欲默默而不言，又非长兄督责之道。是以往年常示诸弟以课程，近来则只教以"有恒"二字。所望于诸弟者，但将诸弟每月功课，写明告我，则我心大慰矣！

【译文】::

四位老弟足下：

前月我寄回的信，想必你们已经收到了。我承蒙祖宗的遗泽和祖父、父亲的教训，侥幸地取得了科考的功名，我现在对内是没有什么可担忧的，在外我也是一切顺利，算是没有什么缺少和遗憾的了。我所希望的是弟弟们个个自强自立，大家同心协力，这样就不用担心我们家的声名不显赫，家运不兴旺了。我想给弟弟们重新订下课程，多做一些规定，让弟弟们遵照执行，可我又怕弟弟们觉得厌烦；想默默不说，又失去了兄长督责的道义。所以我往常限制弟弟们的功课，近来我就只强调要有"恒心"这二字。我希望弟弟们把每月所做的功课，写得具体一些，明白地告诉我，我便深感安慰了。

【原文】::

乃诸弟每次写信，从不将自己之业写明，乃好言家事及京中诸事。此时家中重庆，外事又有我料理，诸弟一概不管可也。以后写信，但将每月作诗几首，作文几首，看书几卷，详细告我，则后写信，则我欢喜无量！诸弟或能为科名中人，或能为学问中人，其为父母之令子一也，我之欢喜一也。慎弗以科名

曾国藩故居之思云馆

稍迟，而遂谓无可自力也。如霞仙今日之身分，则比等闲之秀才高矣。若学问愈进，身分愈高，则等闲之举人进士，又不足论矣。

【译文】 ┈┈┈┈┈┈┈┈┈┈┈┈┈┈┈┈┈┈┈┈

　　但是弟弟们每次写信，都不把自己的学业写明白，只是喜欢说家里和京城中的事。眼下这个时候我们家祖父母和父母都健在，外面的事又有我照料，弟弟们可以一概不管。以后写信，只要把每月作了几首诗，写了几篇文章，看了几卷书，详细地告诉我，那我就很高兴了！各位弟弟或者成为有功名的人，或者成为有学问的人，这样既是父母的好儿子，也是我这个做兄长的最高兴的事。千万不要因为考取功名迟了，就说自己不行。比如刘霞仙，以他今天的身份，比一般的秀才就高一些。如果学问再进，身份就会更高，那一般的举人进士，就也不足论了。

【原文】 ┈┈┈┈┈┈┈┈┈┈┈┈┈┈┈┈┈┈┈┈

　　学问之道无穷，而总以有恒为主。兄往年极无恒，近年略好，而犹未纯熟。自七月初一起，至今则无一日间断，每日临帖百字，抄书百字，看书少亦须满二十页，多则不论。自七月起，至今已看过《王荆公全集》百卷、《归震川文集》四十卷、《诗经大全》二十卷、《后汉书》百卷，皆朱笔加圈批。虽极忙，亦须了本日功课，不以昨日耽搁而今日补做，不以明日有事而今日预做。诸弟若能有恒如此，则虽四弟中等之资，亦当有所成就，况六弟、九弟上等之资乎？

冰鉴

　　求取学问是没有穷尽的，人总以有恒心为首要。兄长我往年没有恒心，近年来好了一些，然而还是没有到纯熟的程度。我自七月初一开始，到今天没有一次间断，每天临帖上百个字，抄书上百个字，看书至少看二十页，多的就不算了。从七月算起，我到现在已经看过《王荆公文集》百卷、《归震川文集》四十卷、《诗经大全》二十卷、《后汉书》百卷，都用红笔加圈点批注。虽然我很忙，也要完成当天的功课，从来没有昨天耽搁，而今天补做的事，也不因为第二天有事，就在当天预先完成。弟弟们如果能这样有恒，那四弟虽是中等的资质，也应该会有所成就，何况六弟、九弟是上等的资质呢？

〔原文〕

　　明年肄业之所，不知已有定否？或在家，或在外，无不可者。谓在家不可用功，此巧于卸责者也。吾今在京，日日事务纷冗，而犹可以不间断，况家中万万不可及此间之纷冗乎？

　　树堂、筠仙自十月起，每十日作文一首，每日看书十五页，亦极有恒。诸弟试将朱子《纲目》过笔圈点，定以有恒，不过数月，即圈完矣。若看注疏，每经亦不过数月即完，切勿以家中有事而间断看书之课，又弗以考试将近而间断看书之课。虽走路之日，到店亦可看，考试之日，出场亦可看也。兄日夜悬望，独此"有恒"二字告诸弟，伏愿诸弟刻刻留心，幸甚幸甚。兄国藩手草。（道光廿四年十一月廿一日）

　　明年求学的地方，不知定了没有？或者在家，或者在外，都无不可。说在家不好用功，这是找理由推卸责任。我现在在京城里天天都是事务繁多，即使这样，我都没有间断学习，更何况你们在家远远比不上我这里的事务繁多呢？

　　冯树堂、郭筠仙从十月起，每十天写一篇文章，每天看十五页书，他们也都很有恒心。弟弟们试着把朱子《纲目》过目圈点，坚持不懈地做，用不了几个月你们就能看完了。如果看注疏，每部经书也是用不了几个月的时间就可以看完，千万不要因家中有事而间断看书，也不要因考试将近而间断看书。就是走路的时候，到店里的时候都是可以看书的，考试那天，出场之后也可以看书。我日夜盼望你们能有所成就，只有用"恒心"这两个字激励你们，希望你们能时刻铭记在心，那就再好不过了。兄国藩手草。（道光廿四年十一月廿一日）

冰鉴

一〇三

为政篇

　　曾国藩是一个普通的农家子弟，他以并不超绝的资质，创造"中兴"伟业，其辉煌和成功得益于他经历了宦海多年的摸爬滚打之后参悟出的为政之道。

致诸弟（公而忘私直言进谏）

【原文】

澄侯、温甫、子植、季洪四位老弟足下：

　　四月初三日发第五号家信，厥后折差久不来，是以月余无家书，五月十二折弁来，接到家中四号信，乃四月一日所发者，具悉一切，植弟大愈，此最可喜！京寓一切平安，癣疾又大愈，比去年六月，更无形迹。去年六月之愈，已为五年来所未有，今又过之，或者从此日退，不复能为恶矣。皮毛之疾，究不甚足虑，久而弥可信也。

　　四月十四日考差题"乐民之乐者，民亦乐其乐"，经文题"必有忍，其乃有济。有容，德乃大"，赋得"濂溪乐处"得"焉"字。廿六日，余又进一谏疏，敬陈圣德三端，预防流弊。其言颇过激切，而圣量如海，尚能容纳，岂汉唐以下之英主所可及哉！余之意，盖以受恩深重，官至二品，不为不尊；堂上则诰封三代，儿子则荫任六品，不为不荣。若于此时，再不尽忠直言，更待何时乃可建言？而皇上圣德之美，出于天亶自然，满廷臣工遂不敢以片言逆耳，将来恐一念骄矜，遂至恶直而好谀，则此日臣工不得辞其咎。是以趁此元年新政，即将此骄矜之机关说破，使圣心日就兢业，而绝自是之萌。此余区区之本意也。现在人才不振，皆谨小而忽于大，人人皆习脂韦唯阿之风，欲以此疏稍挽风气，冀在廷皆趋于骨鲠，而遇事不敢退缩，此余区区之余意也。

【译文】 ··

澄侯、温甫、子植、季洪四位老弟：

　　四月初三日发一家信，以后信差很久不来，所以有一个多月没有家信。五月十二日信差来了，接到家信一封，是四月一日发的，知道一切，植弟的病好了，这是最值得高兴的事！我在京城全家大小一切平安，我的癣疾也比去年六月大有好转，没留下什么痕迹。去年六月的好转，本就是五年来从没有过的，现在更好了一些，或者从现在开始一天比一天好，这病便不再为害了。皮毛上的病，不足以忧虑，从这几年我的经历来看，这话真是可信。

　　四月十四日考试的题目是"乐民之乐者，民亦乐其乐"，经文题目是"必有忍，其乃有济。有容，德乃大"，诗题是"赋得'濂溪乐处'"，押韵字是"焉"字。二十六日，我又进谏了一次，敬陈圣德三端，预防流弊。谏疏言辞过于激切，但皇上容人的气量像大海一样博大宽容，这哪里是汉唐以来的英明君主所能相比的！我的意思是自己所受的恩泽太深重了，官到了二品，不能不算尊贵；堂上诰封三代，儿子受荫庇官至六品，不能不算荣耀。假设在这种时候，再不尽忠直言，那还等什么时候呢？而皇上对臣子的美好德行是上天赋予的，自然整个朝廷的臣子们，才不敢去说他一个不字，恐怕长此下去就生成骄傲的习气了，所以不喜欢听刚直的批评意见，而喜欢听颂扬和吹嘘的话，那么到了这一天，臣子们是不能推卸自己的罪责的。因此我借咸丰元年实行新政的机会，把这个道理说透，使皇上心里一天天变得小心谨慎，断绝自以为是的思想萌芽。这就是我的用心所在了。现在国家人才不多，都是因为在小的方面谨小慎微，而在大的方面疏忽大意造成的，人人都感染了唯唯诺诺、阿谀奉承的习气，我想通过这个折子稍微挽回一下风气，使这些人在朝廷里敢于说话，遇事不再退缩，这也是我个人的一点心意。

【原文】 :::

　　折子初上之时，余意恐犯不测之威，业将得失祸福置之度外。不意圣慈含容，曲赐矜全。自是以后，余益当尽忠报国，不得复顾身家之私。然此后折奏虽多，亦断无有似此折之激直者。此折尚蒙优容，则以后奏折，必不致或触圣怒可知。诸弟可将吾意细告堂上大人，毋以余奏折不慎，或以戆直干天威为虑也。

　　父亲每次家书，皆教我尽忠图报，不必系念家事。余敬体吾父之教训，是以公尔忘私，国尔忘家。计此后但略寄数百金偿家中旧债，即一心以国事为主，一切升官得差之念，毫不挂于意中。故昨五月初七大京堂考差，余即未往赴考。

侍郎之得差不得差，原不关乎与考与不考。上年己酉科，侍郎考差而得者三人，瑞常、花沙纳、张芾是也，未考而得者亦三人，灵桂、福济、王广荫是也。今年侍郎考差者五人，不考者三人，是日题"以义制事，以礼制心论"，诗题"楼观沧海日"，得"涛"字。五月初一放云贵差，十二放两广、福建三省，名见京报内，兹不另录。袁漱六考差颇为得意，诗亦工妥，应可一得，以救积困。

【译文】

　　折子刚呈上去时，我恐怕会触犯天威，所以就把得失祸福置之度外了。没料到皇上宽容包涵，保全了我。自此之后，我更要尽忠报国，不再去顾虑身家性命这些私事。然而以后奏折虽多，也再不会有像这次的奏折一样激烈直言的了。这么激直的折子还蒙皇上宽容原谅，那么以后的折子一定不至于触犯天威，这是可想而知的。弟弟们可以把这个意思，详细告知家中的大人，不用再担心我的奏折因为谏言太直接而冒犯天威了。

　　父亲每次写信都教育我尽忠报国，不必挂念家里。我恭敬地体会父亲的教训，所以公而忘私，国而忘家。今后，准

咸丰皇帝像

备只略寄几百两银子还家里的旧债，便一心以国家大事为主，一切升官得差使的念头，丝毫不挂在心上。所以在五月初七大京堂考差时，我没有去考试。侍郎的得差使或是不得差使，本来就和考试不考试没有关系。在去年己酉科时，侍郎通过考试而得到差使的有三个，分别是瑞常、花沙纳、张芾，而没有通过考试而得到差使的也有三个，分别是灵桂、福济、王广荫。今年侍郎通过考试而得到差使的有五个，没有考试而得到差使的有三个，那天的题目是"以义制事，以礼制心论"，诗题是"楼观沧海日"，押韵字是"涛"字。五月初一日放任云南、贵州的差事，十二日放任广东、广西、福建三省的差事，名字登在京报上，现不另外抄了。袁漱六在考试的时候发挥得非常好，诗也作得很工整妥帖，他应该可以得到一个差使，以缓解他长期以来的艰难处境。

【原文】

朱石翘明府初政甚好，自是我邑之福，余下次当写信与之。霞仙得县首，亦见其犹能拔取真士。刘继振既系水口近邻，又送钱至我家求请封典，义不可辞。但渠三十年四月选授训导，已在正月廿六恩诏之后，不知尚可办否，当再向吏部查明。如不可办，则当俟明年四月升祔恩诏，乃可呈请。若并升祔之时推恩不能及于外官，则当以钱退还。家中须于近日详告刘家，言目前不克呈请，须待明年六月乃有的信耳。

澄弟河南、汉口之信皆已接到。行路之难，乃至于此！自汉口以后，想一路载福星矣。刘午峰、张星垣、陈谷堂之银皆可收，刘、陈尤宜受之，不受反似拘泥。然交际之道，与其失之滥，不若失之隘，吾弟能如此，乃吾之所欣慰者也！西垣四月廿九到京，住余宅内，大约八月可出都。

此次所寄折底，如欧阳家、汪家及诸亲族，不妨抄送共阅，见余忝窃高位亦欲忠直图报，不敢唯阿取容，惧其玷辱宗族，辜负期望也。余不一一。兄国藩手草。（咸丰元年五月十四日）

朱石翘明府上任以来政事处理得很好，自然是我们家乡的福气，我下次也写信给他。刘霞仙考中了县里的第一名，可见朱石翘确实能够选拔真正的人才。刘继振既然是水口村的近邻，又送钱到我家请求封典，这是义不容辞的事。但他在道光三十年四月被选拔任命为训导，已经是在正月二十六日诏书规定的日期以后，不知道这件事是否还可以办，我当再向吏部去查明。如果不可以办，那应当等明年四月升祔庙祭的恩诏下来，才可以向朝廷呈请。如若升祔的时候，推恩不能涉及外官，那就应当把钱退还给他。家里要在近日详细告诉刘继振家，说目前不能呈请，要等明年六月才有确切的消息。

澄弟从河南、汉口寄来的信，都已接收到。行路的艰难竟然达到这种程度！从汉口开始，想必一路是福星高照了。刘午峰、张星垣、陈谷堂的银子都可以收下，刘、陈的尤其要接受，不收反而好像有点见外。不过交际的道理，与其失之过滥，不如失之狭隘，弟弟能够这样，是让我感到欣慰的！张西垣四月二十九日到京城后住在我家，大约八月可离京城。

　　这次所寄信的底稿，不妨抄送给欧阳家和汪家及各亲族看看，使他们知道我愧窃高位也想着尽忠报国，不敢唯诺阿谀，怕那样会玷辱宗族，辜负祖宗的期望。其余的就不多写了。兄国藩手草。（咸丰元年五月十四日）

致九弟（为政切不可疏懒）

【原文】..

沅浦九弟左右：

　　初七初八连接弟二信，具悉一切。亮一去时，信中记封有报销折稿，来信未经提及，或未得见耶？

　　廿六早，地孔轰倒城垣数丈，而未克成功；此亦如人之生死早迟，时刻自有一定，不可强也。

　　总理即已接札，则凡承上起下之公文，自不得不照申照行，切不可似我疏懒，置之不理也。余生平之失，在志大而才疏，有实心而乏实力，坐是百无一成。李云麟之长短，亦颇与我相似。如将赴湖北，可先至余家一叙再往。润公近颇综核名实，恐亦未必投洽无间也。

【译文】..

沅浦九弟左右：

　　初七、初八连接两封信，我已经知道了一切。亮一去的时候，信中记得封有报销的折稿，来信也没有提到，或者是还没有看见？

二十六日那天早上，地道轰倒了几丈城墙，却没有攻城成功；这就像人生死的迟或早，时间都有定数，不能强求。

总理既然已经接了札，那么凡属承上启下的公文，自然不得不照申照办，千万不可以像我那样疏忽懒惰，置之不理。我生平的过失就是志大才疏，有实实在在的心愿而缺乏实现心愿的能力，所以才会像现在这样一事无成。李云麟的长处和短处，也和我相似。如他将去湖北，可到我家见面后谈谈再走。润公近来也很注重综合核查名实，恐怕未必能够融洽而没有隔阂。

【原文】

近日身体略好，惟回思历年在外办事，愆咎甚多，内省增咎。饮食起居，一切如常，无劳麈虑。今年若能为母亲大人另觅一善地，教子侄略有长进，则此中豁然畅适矣。弟年纪较轻，精力略胜于我，此际正宜提起全力，早夜整刷。昔贤谓宜用"猛火煮，漫火温"，弟今正用猛火之时也。

李次青之才，实不可及，吾在外数年，独觉惭对此人。弟可与之常通书信，一则少表余之歉忱，一则凡事可以请益。

余京中书籍，承漱六专人取出，带至江苏松江府署中，此后或易搬回。书虽不可不看，弟此时以营务为重，则不宜常看书。凡人为一事，以专而精，以纷而散。荀子称"耳不两听而聪，目不两视而明"，庄子称"用志不纷，乃凝于神"，皆至言也！（咸丰八年正月十一日）

冰

鉴

一二

　　我近日来的身体好了一些。只是回想历年在外面办事，犯的过错和感到内疚的事很多，我反躬自问，倍感愧疚。我的饮食起居一切如常，不劳家中挂念。今年如果能给母亲大人另外找一块好的坟山，能教育子侄，使他们略有进步，我的心里就畅快了。弟弟你的年纪比较轻，精力比我强，这个时候最适合全力以赴，日夜整顿、磨炼自己。过去的圣贤说要用猛火煮，慢火温，弟弟现在正是用猛火的时候。

　　李次青的才能，我实在是自叹不如，我在外面很多年，唯独觉得愧对他一个人。弟弟你可以常常和他通信来往，一方面稍微表示一下我的歉意，另一方面遇到什么事情都可向他请教。

　　我在京城的书都承蒙漱六派专人取出，带到江苏松江府署中，以后就容易搬回了。书虽说不可以不看，但弟弟现在应该以营务为重，不适合经常看书。凡是一个人做一件事的时候，要专一才能精

庄子像

到，如果不专一，就会散乱而顾及不过来。荀子说的"耳朵不同时听两件事就会听力敏锐，眼睛不同时看两处就会视力明澈"，庄子说的"集中心志不分散，就能够凝集成智慧"，都是至理名言！（咸丰八年正月十一日）

致九弟季弟（以勤字报君，以爱民二字报亲）

【原文】┈┈┈┈┈┈┈┈┈┈┈┈┈┈┈┈┈┈┈┈┈┈┈

沅、季弟左右：

兄膺此巨任，深以为惧！若如陆、何二公之前辙，则诒我父母羞辱，即兄弟子侄，亦将为人所侮，祸福倚仗之几，竟不知何者为可喜也。默观近日之吏治人心，及各省之督抚将帅，天下似无戡定之理。吾惟以一"勤"字报吾君，以"爱民二字"报吾亲。才识平常，断难立功，但守一"勤"字，终日劳苦，以少分宵旰之忧。行军本扰民之事，但刻刻存爱民之心，不使先人之积累自我一人耗尽。此兄之所自矢者，不知两弟以为然否？愿我两弟亦常常存此念也。

沅弟"多置好官，遴选将才"二语，极为扼要，然好人实难多得，弟为留心采访，凡有一长一技者，兄断不敢轻视。谢恩折今日拜发，宁国日内无信，闻池州杨七麻子将往攻宁，可危之至！（咸丰十年七月十二日）

沅弟、季弟左右：

兄长我荣担这个重任，深深地感到恐惧！假设又走陆、何二公的老路，那会给父母带来羞辱，就是兄弟子侄也将受到别人的侮辱。祸福倚伏的玄机之时，竟然不明白什么是可喜的预兆。暗暗观察这些官员管理之道、人心的动向，以及各省的督抚将帅的所作所为，天下似乎并没有一个固定不变的道理。我唯一的点子是以一个"勤"字报答皇上，以"爱民"二字报答父母，自己才能见识都平常，决难立功，只能守一个"勤"字，终日劳苦，以减少皇上日夜操心的忧虑。行军本来是骚扰百姓的事，只能时刻怀着一颗爱民的心，不让祖先积累的德泽在我一人手中消耗殆尽。这是兄长自己的决心，不知两位弟弟以为对不对？愿两位弟弟也有这种想法。

沅弟"多置好官，遴选将才"两句话，极为扼要，然而好人难以多得，弟弟们也代为留心采访，凡有一技之长的，兄长我绝对不敢轻视。谢恩的折子今天拜发了，宁国日内没有信，听说池州杨七麻子将会进攻宁国，很是危险！（咸丰十年七月十二日）

与沅、季二弟书（要清除官场败类）

沅、季弟左右：

廿二日申刻接专丁廿日发缄，廿三日辰刻接马递十八、九两日发缄，得悉一切。应复各件，条列如左：

一、骆去文继，湖南局势不能不变。裕公赴粤，似难留。南公之局，且待文公莅任后，认准题目再行具奏。吾非怕硬也，恐难为南老耳。

二、建德二马业已到祁，尚有要证未到，难遽结案，一月后再说。

三、武明良改扎南岸甚好。添人之详，已照准矣。吾方欲另招一营以防南岸，添一哨岂不便益？

四、沈霍鸣已未令其当巡捕矣。渠好体面，保知县后即不愿当巡捕，例也，情也。咨回江西一节尚可略缓。

五、彭山屺因濠墙草率而摘顶，并革营务处，所以儆河溪兵也。现患疟未愈，迟当以中军位置之。

六、辛秉衡、李熙瑞均可留弟处当差。辛、李，卫、霍（西汉之名将）也，弟好待之。

七、细阅来图，办理真为妥善。战守既有把握，则皖城早迟终可成功。特守濠之法尚未详言及之，不知已定章程否？

八、纪泽以油纸摹欧字非其所愿，然古今书家实从欧公别开一大门径，厥后李北海及颜、柳诸家皆不能出其范围。

学书者不可不一窥此宫墙也。弟作字大有心得，惜未窥此一重门户。如得有好帖，弟亦另用一番工夫，开一番眼界。纪泽笔乏刚劲之气，故令其勉强习之。

　　九、公牍之繁，深以为苦。节后少荃赴淮，仅余一手为之，则更苦矣。今日飞函去请意城，不知其肯来否。

　　十、季弟错诸枉之道，极为当今要务。爱禾者必去稗，爱贤者必去邪，爱民必去害民之吏，治军必去蠹军之将，一定之理也。第所谓诸枉者何人，弟如有所闻，飞速告我。

　　……然宁国尚未解围，焦灼仍深。字之忙乱，与九弟之忙相似。（咸丰十年七月廿三日）

【译文】··

沅弟、季弟左右：

　　二十二日申时收到专人送来的二十日发的信，二十三日辰时收到由马递送来的十八日、十九日两天发的信，得知一切情形。应该答复的各件事情，分条列在下边：

　　一、骆秉章中丞离职，文式岩中丞继任，湖南的局势不能不改变。裕时卿先生前去广东，似乎难以挽留。黄南坡公的局务，姑且等文中丞到任后，认准题目再奏明。我不是怕硬的，而是恐怕难为黄老先生。

　　二、建德的二马已经到祁门县，还有重要人证没有到达，难以很快结案，一个月以后再说。

　　三、武明良改驻南岸很好。增加人员的请示报告已经批准了。我正要另外招募一个营驻防南岸，增加一个哨难道不更合算？

四、沈霍鸣已经不让让他当巡捕了。他爱面子，保举知县后就不愿意当巡捕，惯例如此，人情如此。下公文让他回江西一事还可以稍微迟延。

五、彭山屹因为修筑濠墙草率而被摘去顶戴，并且免去了营务处的职务，这是为了告诫河溪的士兵。他现在患疟疾没有痊愈，过些日子给他安排个中军的职务。

六、辛秉衡、李熙瑞都可以留在你们那里当差。辛秉衡和李熙瑞是西汉卫青、霍去病（名将）式的猛将，要好好地对待他们。

曾国藩雕像

七、仔细看过寄来的地图，布置真是妥善。作战防守既有把握，那么安庆城迟早可以攻破。只是防守城濠的方法还没有详细谈到，不知道是否已定出章程？

八、纪泽用油纸摹写欧字不符合他本人的意愿，但是古今的书法家确实在欧阳询这里开始另辟了一条途径，后来的李北海和颜真卿、柳公权诸家都不能超出他的范围。学习书法的人不能不窥探这堵门墙里的秘密。你们写字深有体会，可惜没有窥探到这一层门户。如果有了好帖，你们也另外用一番工夫，开一番眼界。纪泽的笔法缺乏刚劲之气，所以让他努力学习。

九、公文繁多，深感苦恼。过节后李少荃赴淮，只有我一手经办，就更苦了。今天发快信去请郭意城，不知道他肯来不肯来。

十、季弟摈斥邪恶之徒的主张，是现在最要紧的事。爱惜禾苗必定要除去稗子，爱惜人才必定要除去不正派的人，爱护百姓必定要除去害民的官吏，统率军队一定要除去危害军队的将领，这是确凿不移的真理。只是所说的邪恶之徒是什么人，你如果听到了什么，火速告诉我。

……可是宁国还没有解除包围，仍然很焦急。字写得很忙乱，和九弟的忙乱相似。（咸丰十年七月二十三日）

与沅、季二弟书（余处高位深悚惧）

【原文】

沅、季弟左右：

十一日接沅弟初六日信，是夕又接两弟初八日信，知有作一届公公之喜。初七家信尚未到也。应复事，条列如左：

一、进驻徽州，待胜仗后再看……余在祁门不宜轻动，已派次青赴徽接印矣。

二、僧邸之败，沅弟去年在抚州之言皆验，实有当验之理也。余处高位，蹈危机，观陆、何与僧覆辙相寻，弥深悚惧，将有何道可以免于大戾？弟细思之而详告我。吾恐诒先人羞，非仅为一身计。

三、癸冬屏绝颇严，弟可放心。周之翰不甚密迩，或三四日一见。若再疏，则不能安其居矣。吴退庵事，断不能返汉，且待到后再看。文士之自命过高，立论过亢，几成通病。吾所批其硬在嘴、其劲在笔，此也。然天分高者，亦可引之一变而至道。如罗山、璞山、希庵皆极高亢后乃渐归平实。即余昔年亦失之高亢，近日稍就平实。周之翰、吴退庵，其弊亦在高亢，然品行究不卑污。如此次南坡禀中胡镛、彭汝琮等，则更有难言者。余虽不愿，而不能不给札。以此衡之，亦未宜待彼太宽而待此太褊也。大抵天下无完全无间之人才，亦无完全无隙之交情。大者得正，而小者包荒，斯可耳。

四、……余得专心治皖南之事。春霆尚未到，殊可怪也。（咸丰十年八月十二日）

【译文】

沅、季弟左右：

十一日接到沅浦弟初六的信，当天晚上又接到两位弟弟初八的信，知道我有做一回爷爷的喜事。初七的家信还没有到达。应该答复的事情，分条列在下边：

一、进驻徽州的事，等打了胜仗后再看，这种主张很正确。……我在祁门不应该轻举妄动，已经派李次青去徽州接官印了。

二、僧格林沁王爷的失败，沅浦弟去年在抚州所说的话都应验了，实在有理当应验的道理。我身居高位，置身危机之中，看到陆建瀛、何桂清和僧格林沁一个接一个重蹈覆辙，更加恐慌畏惧，有什么办法可以免于大罪？你们仔细考虑后详细告诉我。我怕给先人带来耻辱，不只是为我一个人着想。

三、我和癸冬绝不来往，你们可以放心。我同周之翰不很密切，有时候三四天见一次面。如果再疏远，就不能使他待下去了。吴退庵的事情，决不能返汉，等以后再看。文人自命不凡，立论过高，几乎成了通病。我批示他硬在嘴上、劲在笔上，就是指这一点。可是天分高的人，也可以引导他转变走上正道。像罗山、王璞山、李希庵都是先高谈阔论，然后逐渐讲究实际。就是我往年也有高谈阔论的毛病，近来渐渐注重实际。周之翰、吴退庵，他们的毛病也在想的、说得内容太高太激进，但是品行到底不卑贱污浊。至于这次黄南坡报告中胡镛、彭汝琮等人，就更有难言之隐。我虽然不愿意，可是不能不给文书。用这来衡量，也不应该对待那个太宽而对待这个太严。大抵天下没有完全没有缺点的人才，也没有完全没有隔阂的交情。大缺点纠正，小缺点包涵，这样就可以了。

四、……我能够专心处理皖南的军务。鲍春霆还没有来到，很令人奇怪。（咸丰十年八月十二日）

与澄弟书（与官相见以谦谨为要）

【原文】

澄弟左右：
　　……
　　来信言余于沅弟既爱其才，宜略其小节，甚是甚是。沅弟之才，不特吾族所少，即当世亦实不多见。然为兄者，总宜奖其所长，而兼规其短。若明知其错，而一概不说，则非特沅一人之错，而一家之错也。

吾家于本县父母官，不必力赞其贤，不可力诋其非，与之相处，宜在若远若近、不亲不疏之间。渠有庆吊，吾家必到；渠有公事，须绅士助力者，吾家不出头，亦不躲避。渠于前后任之交代，上司衙门之请托，则吾家丝毫不可与闻。弟既如此，并告子侄辈常常如此。子侄若与官相见，总以"谦谨"二字为主。（同治元年九月四日）

【译文】

澄弟左右：

......

来信说到，我对于沅弟既然欣赏他的才干，就不应再计较他的小节，说得很对。沅弟的才干，不只是我们这一家族少有，就在当世也实在不多见。不过作为兄长，总应该在称道他的长处时，能同时规劝他注意自己的不足。如果明知他的过错，却一概不说，那就不是沅弟一人的过错，而是我们全家的过错。

我们家对于本县的地方官，没有必要特别地称赞他们怎样好，也没有必要特别地说他们不好，和他们相处，应在若远若近、不亲不疏之间。碰到他们有该庆贺或该哀悼的事情，我们家一定要去；他们有公事，需要地方绅士的帮助，我们家既不出面张罗，也不躲避。他们在前后换任时，或者向上司衙门托人求情，我们家的人绝对不要过问。你已经如此做了，还要告诉子侄们也常能这样做。子侄们如与地方官相见，总要把握"谦谨"这两个字。（同治元年九月四日）

治家篇

　　曾国藩一生非常强调家庭和睦，他认为全家和睦则福自生。"居家之道，惟崇俭可以长久，处乱世尤以戒奢侈为要义。"曾国藩终身自奉寒素，过着恬淡的生活，在这方面堪称官场的楷模。

禀父母（兄弟和睦为第一）

【原文】

男国藩跪禀父母亲大人万福金安：

　　正月十七日男发第一号家信，内呈堂上信三页，复诸弟信九页，教四弟与厚二从汪觉庵师，六弟九弟到省从丁秩臣，谅已收到。二月十六日接到家信第一号，系新正月初三交彭山屺者，敬悉一切。去年十二月十一祖父大人忽患肠风，赖神灵默佑，得以速痊，然游子闻之，尚觉心悸。六弟生女，自是大喜。初八日恭逢寿诞，男不克在家庆祝，心尤依依。

【译文】

儿子国藩跪着禀告父母大人万福金安：

　　正月十七日我写了第一封家信，其中有呈给堂上的信三页，回复各位弟弟的信九页，让四弟与厚二跟随汪觉庵学习，六弟、九弟去省城从师于丁秩臣，想来该信已经收到。二月十六接到家里的第一封信，是新年正月初三交彭山屺的那封，已明白一切。去年十二月十一日，祖父大人忽然患肠风，还好有神灵的保佑，很快就痊愈了，但作为在外的游子，我听了还是感到心中不安。六弟生了一个女儿，这是大喜的事。初八的寿宴，我不能在家里参加庆祝了，心里感到很是惦念。

【原文】

　　诸弟在家不听教训，不甚发奋。男观诸弟来信，即已知之。盖诸弟之意，总不愿在家塾读书。自己亥年男在家时，诸弟即有此意，牢不可破。六弟欲从男进京，男因散馆去留未定，故比时未许。

　　庚子年接家眷，即请弟等送，意欲弟等来京读书也。特以祖父母、父母在上，男不敢专擅，故但写诸弟，而不指定何人。迨九弟来京，其意颇遂，而四弟、六弟之意尚未遂也。年年株守家园，时有耽搁；大人又不能常在家教之；近地又无良友，考试又不利。兼此数者，怫郁难申，故四弟、六弟不免怨男。

　　其可以怨男者有故：丁酉在家，教弟威克厥爱，可怨一矣；己亥在家，未尝教弟一字，可怨二矣；临进京不肯带六弟，可怨三矣；不为弟另择外傅，仅延丹阁叔教之，拂厥本意，可怨四矣；明知两弟不愿家居，而屡次信回，劝弟寂守家塾，可怨五矣。惟男有可怨者五端，故四弟、六弟难免内怀隐衷。前此含意不申，故从不写信与男，去腊来信甚长，则尽情吐露矣。

　　几位弟弟在家里不听大人的教训，不知道发奋读书。儿子看了几位弟弟的来信，已经知道了。看来几位弟弟不愿意在家塾的学堂里读书，这个意思是我还在家里时就有了的，而且他们的这个想法还很坚决。六弟想跟我进京，我以为在庶常馆学习的事情还没有定下来，所以我就没有答应。

　　庚子年接家眷进京，请弟弟们送，当时的意思就是想让他们来京城里读书。我是因为祖父母、父母在上，所以不敢擅自做主，所以只在信中写"诸弟"，而不是指定究

曾国藩故居入口

冰鉴

一三四

竟是哪个弟弟。等到九弟来京之后，他如愿以偿了，而四弟、六弟的心愿却没有了结。他们年年待在家里，学问有时耽搁了；而长辈大人们又不能在家里教导他们；附近又没有好的朋友，考试又失败了。有这么几种原因，才觉得很受压抑而郁闷不乐，所以四弟、六弟不免埋怨我。

他们埋怨我是有原因的。丁酉年在家，教他们时威严过头而缺少安抚，这是可以埋怨的第一点；己亥年在家，没有教弟弟一个字，这是可以埋怨的第二点；临到进京了不肯带六弟，这是可以埋怨的第三点；不为弟弟另外选择外面的老师，仅仅请了丹阁叔，违背了他们本来的意思，这是可以埋怨的第四点；明明知道两个弟弟不愿在家而屡次回信，劝他们在家读家塾，这是可以埋怨的第五点。正因为儿子有这可埋怨的五点，所以四弟、六弟难免心里藏着这些隐衷。以前一直闷在肚子里没有申诉的机会，所以从不给我写信，去年腊月写了一封长信给我，才把这一肚子怨气都吐了出来。

【原文】 ······

男接信时，又喜又惧。喜者，喜弟志气勃勃不可遏也；惧者，惧男再拂弟意，将伤和气矣。兄弟和，虽穷氓小户必兴；兄弟不和，虽世家宦族必败。男深知此理，故禀堂上各位大人俯从男等兄弟之请。

【译文】 ······

儿子接到信时既感到高兴又觉得担心。高兴的是，弟

冰鉴

一三五

弟们志气勃勃很有生气，不可阻挡；担心的是，儿子若再次违背他们的意愿，将会伤了兄弟间的和气。兄弟和睦，虽说是穷困的小户人家也必然会兴旺；兄弟不和，虽说是世代官宦人家也必然会败落。儿子深深懂得这个道理，所以禀告家中的长辈们，就顺从了儿子和各位兄弟的请求吧！

【原文】::

　　男之意实以和睦兄弟为第一。九弟前年欲归，男百般苦留，至去年则不复强留，亦恐拂弟意也。临别时，彼此恋恋，情深似海。故男自九弟去后，思之尤切，信之尤深。谓九弟纵不为科目中人，亦当为孝弟中人。兄弟人人如此，可以终身互相依倚，则虽不得禄位，亦何伤哉！

　　恐堂上大人接到男正月信，必且惊而怪之，谓两弟到衡阳、两弟到省，何其不知艰苦，擅自专命。殊不知男为兄弟和好起见，故复缕陈一切；并恐大人未见四弟、六弟来信，故封还附呈。总愿堂上六位大人，俯从男等三人之请而已。

　　伏读手谕，谓男教弟宜明言责之，不宜琐琐告以阅历工夫。男自忆连年教弟之信，不下数万字，或明责，或婉劝，或博称，或约指，知无不言，总之尽心竭力而已。男妇孙男女身体皆平安，伏乞放心。男谨禀。（道光廿三年二月十九日）

【译文】::

　　我实在是想把家中兄弟之间的和睦摆在最重要的位置

上。九弟前年想回家乡去，我百般苦苦挽留，到去年才不再强行挽留了，我也是害怕违背了他的意愿。临走时，我和九弟彼此都依依不舍，兄弟的情意深厚似海。所以儿子自从九弟走后，非常想念他，也非常相信他。九弟即使不是科场中人，也会是孝悌之人。要是兄弟们个个都如此，能够终身互相依靠的话，就算是不当官，那又有什么关系呢！

恐怕父母大人接到我正月的来信，既吃惊又气愤，说："把两个弟弟送到衡阳、两个弟弟送到省城去读书是多么不容易，你怎么能擅自做主呢？"却不知我是为了兄弟之间能和睦亲好，故再向你们陈述这一切，又恐怕你们还没有见到四弟和六弟的来信，故把他们给我的信封好呈上。希望堂上的六位大人能够允诺我们兄弟三人的请求。

曾国藩的长子曾纪泽

恭读父母的手书教诲，说儿子教育弟弟应该言语明白地责备为好，不适宜唠叨教他们阅历。儿子回忆多年来教育弟弟的信不下数万字，或者明白地责备，或者委婉地规劝，或者从大的方面广泛地论述，或者从小的方面细细地指点，知无不言，总之尽一切努力罢了。媳妇和孙子、孙女都平安，请放心。儿子谨禀。（道光二十三年二月十九日）

致诸弟（治家宜重勤、敬、和）

【原文】

澄侯、温甫、子植、季洪四位老弟足下：

久未遣人回家，家中自唐二、维五等到后亦无信来，想平安也。

余于廿九日自新堤移营，八月初一日至嘉鱼县。初五日自坐小舟至牌洲看阅地势，初七日即将大营移驻牌洲。水师前营、左营、中营自又七月廿三日驻扎金口。廿七日贼匪水陆上犯，我陆军未到，水军两路堵之，抢贼船二只，杀贼数十人，得一胜仗。罗山于十八、廿三、廿四、廿六等日得四胜仗。初四发折俱详叙之，兹付回。初三日接上谕廷寄，余得赏三品顶戴，现具折谢恩。寄谕并折寄回。

【译文】

澄侯、温甫、子植、季洪四位老弟足下：

好久没有派人回家了，家中自从唐二和维五等人到来之后也没有再写信来，想来一切都平安顺利。

我于二十九日从新堤拔营出发，八月初一到达嘉鱼县。初五自己坐着小船到牌洲察看地形，初七就将大营移到了牌洲。水军的前营、左营、中营从闰七月二十三日驻扎到了金口。二十七日贼军从水路和地面进犯，我们的陆军还没有到达，水军分成两路抵挡敌人，抢到了两只贼军的战船，杀死了几十名贼兵，打了一次胜仗。罗山在十八日、二十三日、二十四日、二十六日打了四次胜仗。初四日向朝廷上了奏折，将以上情况详细地做了报告，现将奏折的底稿寄回家去。初三接到了圣旨和军机大臣寄来的皇上的谕旨，我被赏赐了三品顶戴，现在已经写完了奏折向皇上谢恩。随信将圣旨和我写的奏折寄回家去。

【原文】

余居母丧，并未在家守制，清夜自思，踟蹰不安。若仗皇上天威，江面渐次肃清，即当奏明回籍，事父祭母，稍尽人子之心。诸弟及儿侄辈务宜体我寸心，于父亲饮食起居十分检点，无稍疏忽；于母亲祭品礼仪，必洁必诚；于叔父处敬爱兼至，无稍隔阂。兄弟姒娣，总不可有半点不和之气。

凡一家之中，"勤敬"二字能守得几分，未有不兴，若全无一分，未有不败。"和"字能守得几分，未有不兴，不和，未有不败者。诸弟试在乡间将此三字于族戚人家历历验之，必以吾言为不谬也。

【译文】

我在母亲去世之后，并没有在家守孝，每到深夜时，自己想起来就会觉得局促不安。如果仰仗着皇上的天威，将江面上的贼军逐渐扫清，我就将向皇上呈上奏章表明心迹回到原籍，侍奉父亲，祭奠母亲，稍微尽一点做儿子的孝心。弟弟们以及子侄们一定要体察我的心意，对父亲的饮食起居要十分检点，不要有丝毫疏忽和照顾不到之处；给母亲的祭品必须洁净，要诚心诚意地按照礼仪去祭奠；对叔父要既尊敬又爱戴，不能有丝毫的隔阂和疏远。自己家的兄弟妯娌之间，一定不能有半点的不和睦。

　　一个家庭之中，勤、敬二字能保住几分，就没有不兴旺的，如果连一分也没有，就没有不败落的。和字能保住几分，就没有不兴旺的，如果不和睦，就没有不衰败的。弟弟们可以在乡里试着拿上这三个字到亲戚族人各家去一一验证之后，就会觉得我的话是没有错的。

【原文】

　　诸弟不好收拾洁净，比我尤甚，此是败家气象。嗣后务宜细心收拾，即一纸一缕、竹头木屑，皆宜检拾伶俐，以为儿侄之榜样。一代疏懒，二代淫佚，则必有昼睡夜坐，吸食鸦片之渐矣。四弟、九弟较勤，六弟、季弟较懒，以后勤者愈勤，懒者痛改，莫使子侄学得怠惰样子，至要至要！

　　子侄除读书外，教之扫屋、抹桌凳、收粪、锄草，是极好之事，切不可以为有损架子而不为也。

　　前寄来报笋殊不佳，大约以盐菜蒸几次，又咸又苦，将笋味全夺去矣。往年寄京有竹报，今年寄营有报盐菜，此虽小事，亦足见我家妇职之不如老辈也，因便付及，一笑。烦禀堂上大人。余不一一。兄国藩手草。（咸丰四年八月十一日）

【译文】

　　弟弟们不喜欢把一切都收拾利索，这样的风气比我更加厉害，这是败家的气象。以后一定要细心收拾，即使是一张纸一缕线、竹头木屑，都应该收拾整齐，为子侄们做出榜样。第一代人懒惰，第二代人自然放荡，就一定会有白天睡觉、晚上闲坐、吸食鸦片之类的事情出现。四弟和九弟比较勤快，六弟和季弟比较懒惰，以后要勤快的更加勤快，懒惰的痛改前非，不要让子侄们学成懒惰的习气，这一点至关重要。

晚辈们除了读书之外，要让他们去做扫地、擦抹桌椅板凳、拾粪、锄草等事情，这些是非常有益的事情，千万不可以认为这样会有损自己的架子而不肯去做。

前些时候给我寄来的报笋很不好，大概是用盐菜蒸了几次，又咸又苦，把笋的原味全掩盖掉了。往年家中也给京城寄过竹报，今年又给军营里寄来报盐菜，这虽然是件小事，也完全可以看出我家的女人们在家务事上比不上老辈的人了，顺便提一下，供大家一笑。请将以上情况禀告家中堂上大人，其他事情就不一一详谈了。兄国藩手草。（咸丰四年八月十一日）

致诸弟（宜教新妇以勤俭）

【原文】

澄侯、温甫、子植、季洪四位老弟左右：

正月十九日发去家信，交王发六、刘照一送回，又派戈什哈萧玉振同送，想日内可到。正月三十日、二月一日连接澄侯在长沙所发四信，具悉一切。唐四、景三等正月所送之信，至今尚未到营。

江西军事，日败坏而不可收拾。周凤山腊月四日攻克樟树，不能乘势进取临江，失此机会。后在新淦迁延十余日，正月五日复回樟镇。因浮桥难成，未遽渡剿临江，吉安府城已于二十五日失守矣。周枭司、陈太守等坚守六十余日，而外援不至。城破之日，杀戮甚惨。

……

罗山观察久攻武昌，亦不得手。现经飞函调其回江救援。但道途多梗，不知文报可达否。刘印渠一军，闻湘省将筹两月口粮，计二月初启行，不知袁州等处果能得手否。

【译文】

澄侯、温甫、子植、季洪四位老弟左右：

正月十九日发去的家信，是交给王发六和刘照一送回的，又派侍从护卫萧玉振一起护送，想在这几天里就可以送到。正月三十日、二月一日一连接到澄侯在长沙发来的四封信，一切情况全都了解熟悉了。唐四和景三等人正月里送的信，至今还没有送到营里。

江西的军事状况，一天比一天糟糕，已经到了不可收拾的地步。周凤山十二月四日攻下了樟树镇，但没能乘胜进攻收复临江，于是失去了这个机会。后来在新淦拖延了十几天，于正月五日又回到了樟树镇。因为浮桥难以修成，不能很快渡河去围剿临江，所以吉安府城已经于二十五日沦陷了。周桌司、陈太守等人坚守了六十多天，而外面的援兵到不了。府城被攻破的那天，贼军杀戮十分残忍。

……

罗山观察长期进攻武汉，也不能收复。现在用快信把他调回来增援江西。但是路途中阻碍很多，不知道那封快信文件能否送到。刘印渠那支军队，听说湖南省准备给筹措两个月的口粮，计划二月初出发，不知道能不能收复袁州等地。

【原文】 ::

余在南康身体平安，癣疾已好十之七。青山陆军，正月十八日攻九江城一次，杀贼百余人。水师于廿九打败仗一次，失去战舟六号。湖口陆军于初一日打胜仗一次，杀贼七八十人。省城官绅请余晋省，就近调度，余以南康水陆不放心，尚未定也。

纪泽儿定三月廿一日成婚，七日即回湘乡，尚不为久。诸事总须节省，新妇入门之日，请客亦不宜多。何者宜丰，何者宜俭，总求父大人定酌之。纪泽儿授室太早，经书尚未读毕。上溯江太夫人来嫔之年，吾父亦系十八岁，然常就外傅读书，未久耽搁。纪泽上绳祖武，亦宜速就外傅，慎无虚度光阴。闻贺夫人博通经史，深明礼法。纪泽至岳家，须缄默寡言，循循规矩。其应行仪节，宜详问谙习，无临时忙乱，为岳母所鄙笑。少庚处，以兄礼事之。此外若见各家同辈，宜格外谦谨，如见尊长之礼。

　　我在南康身体平安，癣病已经好了十分之七。在青山的陆军，正月十八进攻九江城一次，杀死贼军一百多人。水师于二十九日打了一次败仗，失掉战船六艘。在湖口的陆军于初一那天打了一个胜仗，杀死贼军七八十人。省城里的官员绅士们请我进城里就近指挥调度，我因为不放心南康水师、陆军，还没有决定下来。

　　儿纪泽定于三月二十一日成婚，七天便回我们家，还不算太长。各项事情都要节省，新媳妇进我家门的那天，也不应该请太多的客人。哪项应该丰盛，哪项应该省俭，都要由父亲大人考虑决定。儿纪泽成家太早了，经书还没有念完。向前推到江太夫人出嫁来我家时，我们的父亲也是十八岁，但常常跟随外边的先生读书，没有太多的耽误。纪泽应向上效仿前辈，也应该尽快出外就学，千万不要虚度光阴。听说贺夫人博览古代的经书、史书，非常懂得礼仪法度。纪泽到了岳母家，不要随便说话，要守规矩。在那里要举行的仪式、礼节，要事先详细询问并且熟习，不要到时候手忙脚乱，而让岳母轻视笑话。对少庚要按兄长之礼相待。另外如果见了各家的同辈人，要格外谦虚谨慎，按照见到尊长的礼节去对待。

【原文】••

　　新妇始至吾家，教以勤俭。纺绩以事缝纫，下厨以议酒食，此二者，妇职之最要者也；孝敬以奉长上，温和以待同辈，此二者，妇道之最要者也。但须教之以渐。渠系富贵子女，未习劳苦。由渐而习，则日变月化，而迁善不知；若改之太骤，则难期有恒。凡此祈诸弟一一告之。

江西各属告警，西路糜烂。子植若北上，宜走樊城，不宜走浙江，或暂不北上亦可。优贡例在礼部考试，随时皆可补考。余昔在礼部阅卷数次，熟知之也。

澄侯每写家信，全无安详气象，不知何事匆忙若此。以后宜戒之。即问近好，不一一。兄国藩书于南康。（咸丰六年二月八日）

【译文】

新媳妇刚到我们家里，要教她勤俭。纺线织布进而学习缝纫，下厨做饭进而学会置办酒饭，这两项是妇女最重要的职责；对待长辈要孝敬，对待同辈人要和蔼，这两项是妇女最重要的道德。但要慢慢地教她。她是富贵人家的女儿，还不习惯吃苦耐劳。从头一点一点做起，慢慢就习惯了，然后就会日变月化，不知不觉地就变得很好了；如果要求她一下子改变过来，那是很难坚持下去的。这些都希望各位弟弟一项一项地去告诉她。

江西所属各个地方告急，西路已经完全溃败。子植如果北上进京，应当走樊城，不应该走浙江，或者暂时不出发也行。优贡按往年的惯例在礼部考试，什么时候都可以补考。我过去在礼部批阅过几次卷子，非常了解那里的情况。

澄侯每次写家信，一点也没有安静、细心的样子，不知道什么事让他慌忙到这种程度。以后应该注意戒除这个

习惯。即问近好，不再一一详叙了。兄国藩书于南康。（咸丰六年二月八日）

致四弟（教子侄戒骄奢逸）

【原文】

澄侯四弟左右：

……

甲三十月初六至武穴，此时计将抵家。余在外无他虑，总怕子侄习于"骄、奢、逸"三字。家败，离不得个"奢"字；人败，离不得个"逸"字；讨人嫌，离不得个"骄"字。弟切戒之！（咸丰十年十月廿四日）

【译文】

澄侯四弟左右：

……

甲三在十月初六那天动身去了武穴，现在大约快要到家了。我在外面也没有什么其他的顾虑，只是担心子侄辈们会沾染上骄傲奢侈和贪图享受的习气。家族的败落，都是奢侈的原因；个人的失败，都是贪图享受的原因；遭到别人的厌弃，都是骄横的原因。弟弟一定要引以为戒！（咸丰十年十月二十四日）

交友篇

　　曾国藩对交友之道颇有见地，他认为：交友贵在有雅量，要"推诚守正，委曲含宏，而无私意猜疑之弊""凡事不可占人半点便宜，不可轻取人财"。曾国藩还认为：要集思广益，兼听而不失聪；"观人之法，以有操守而无官气、多条理而少大言为主"。

致诸弟（交友宜勤来往）

【原文】

澄侯四弟、子植九弟、季洪二弟左右：

　　昨接来信，家中诸事，琐屑毕知，不胜欢慰！祖大人之病，竟以服沉香少愈，幸甚！然予终疑祖大人之体本好，因服补药太多，致火壅于上焦，不能下降，虽服沉香而愈，尚恐非切中肯綮之剂。要须服清导之品，降火滋阴为妙。予虽不知医理，窃疑必须如此，上次家书，亦曾写及，不知曾与诸医商酌否？丁酉年祖大人之病，亦误服补剂，赖泽六爷投以凉药而效，此次何以总不请泽六爷一诊？泽六爷近年待我家甚好，既不请他诊病，亦须澄弟到他处常常来往，不可太疏，大小喜事，宜常送礼。

冰

鉴

一

三

七

澄侯四弟、子植九弟、季洪二弟左右：

　　昨天接到来信，家里的大小事情我全都知道了，我感到非常高兴！祖父大人的病，竟然在吃了沉香之后好些，真是幸运！但是我总是怀疑祖父大人身体本来就很好，是因为吃补药太多，以至火堵塞在上焦，不能下降，虽说吃了沉香好了一些，恐怕并不是切中要害的方剂。应该吃一些清理疏导的药物，使其降火滋阴才是上策。我虽然不懂医理，但猜想一定是这样的，上次的信中我也曾经写到，不知已经和各位医生商量斟酌过没有？丁酉年祖父大人的病也是误吃补药，依靠着泽六爷下了凉药才好，这次为什么不请泽六爷再来看病了呢？泽六爷近年来对我家很好，

曾国藩墓

就是不请他诊病，也一定要澄弟到他家常常往来，不可疏远了，遇到有大小的喜事，也要常常送礼过去。

【原文】

尧阶既允为我觅妥地，如其觅得，即听渠买，买后或迁或否，仍由堂上大人作主，诸弟不必执见。

上次信言，予思归甚切，嘱弟探堂上大人意思何如？顷奉父亲手书，责我甚切，兄自是谨遵父命，不敢作归计矣。

郭筠仙兄弟于二月二十到京，筠仙与其叔及江岷樵住张相公庙，去我家甚近，翌臣即住我家，树堂亦在我家入场。我家又添二人服侍李、郭二君，大约榜后退一人，只用一打杂人耳。

筠仙自江西来，述岱云母之意，欲我将第二女许配渠第二子，求婚之意甚诚。前年岱云在京，亦曾托曹西垣说及，予答以缓几年再议，今又托筠仙为媒，情与势皆不可却。岱云兄弟之为人与其居官治家之道，九弟在江西一一目击，烦九弟细告父母，并告祖父，求堂上大人吩咐，或对或否，以便答江西之信，予夫妇现无成见，对之意有六分，不对之意亦有四分，但求堂上大人主张。

九弟去年在江西，予前信稍有微词，不过恐人看轻耳，仔细思之，亦无妨碍，且有莫之为而为者，九弟不必自悔艾也。

【译文】

朱尧阶既然答应为我找合适的地方，如果找到就叫他买下来，买后迁与不迁，仍然由堂上大人做主，弟弟们都不必固执己见。

上次信中所说，我回家的想法很急切，嘱咐弟弟们探询堂上大人的意思如何？刚刚接到父亲的手书，上面对我责备得很厉害，我谨遵父命，不敢再有回家的打算了。

郭筠仙兄弟于二月二十日到京，筠仙与他叔父以及江岷樵都住在张相公庙，离我家很近，翌臣就住在我家，树堂也在我家入场。我家又加了两个人服侍李、郭二君，到了发榜之后我就要辞退掉一个人，只用一个打杂的。

筠仙从江西来，说了岱云母子的意思，想要我把二女儿许配给他家的二少爷，求婚的意思很诚恳。前年岱云在京城，也曾经托曹西垣说过这件事，我答复他说过几年再说，现在他又托筠仙做媒，不论从感情上和形势上来看都难以推脱。岱云兄弟的为人及他做官治家的表现，九弟在江西都是亲眼所见，麻烦九弟详细告诉父母、祖父，求堂上大人吩咐，是答应还是不答应，以便回答他，我们夫妇两个没有什么成熟的意见，答应的意思有六分，不答应的意思有四分，求堂上大人做主。

九弟去年在江西，我上次在信中稍微有点责备的意思，不过是恐怕别人看轻罢了，仔细想起来，也没有什么妨碍，并且有无所为而为的情况，九弟也不必自悔自艾。

【原文】 ::

碾儿胡同之屋房东四月要回京，予已看南横街圆通观东间壁房屋一所，大约三月尾可移寓。此房系汪醇卿之宅，比碾儿胡同狭小一半，取其不费力易搬，故暂移彼，若有好房，当再迁移。

黄秋农之银已付还，加利十两，予仍退之。曹仪斋正月廿六在省起行，二月廿九日到京，凌笛舟正月廿八起行，亦廿九到京，可谓快极，而澄弟出京偏延至七十余天始到，人事之无定如此。

新举人复试题"人而无恒，不知其可"二句，赋得鹪鹩鸲鹆，得鸣字，四等十一人，各罚停会试二科，湖南无之。

我身癣疾，春间略发而不甚为害。有人说方，将石灰澄清水，用水调桐油擦之，则白皮立去。现二三日一擦，使之不起白皮，剃头后不过微露红影，虽召见亦无碍，除头顶外，他处皆不擦，以其仅能济一时，不能除根也。内人及子女皆平安。

今年分房，同乡仅恕皆，同年仅松泉与寄云大弟，未免太少。余虽不得差，一切自有张罗，家中不必挂心。今日余写信颇多，又系冯、李诸君出场之日，实无片刻暇，故予未作楷信禀堂上，乞弟代为我说明。

澄弟理家事之闲，须时时看《五种遗规》。植弟洪弟须发奋读书，不必管家事。兄国藩草。（道光二十六年三月初十日）

【译文】

碾儿胡同的房东四月要回京城，我已经看了南横街圆通观东间壁的一所房子，大约三月底搬家。这房子是汪醇卿的住宅，比碾儿胡同的房子小一半，可取之处是不费力且容易搬，所以暂时移居，如果有好房子再搬家。

　　黄秋农的银子已经归还了，加了利息十两，我都退还了。曹仪斋正月二十六日在省城起程，二月二十九日到京城，凌笛舟正月二十八日起程，也是二月二十九日到京城，真是快极了，而澄弟离京城偏偏七十多天之后才到，事情的不能确定性就是这样。

　　新举人复试题目是"人而无恒，不知其可"两句，赋得鸽鹅鹩，得"鸣"字，四等有十一人，各罚停会试两科，其中没有湖南人。

　　我的癣疾在春天略微发作了一些，但不是太严重。有人说用澄清的石灰水，加水再调上桐油擦拭，患处的白皮马上就可以除去。我现在每过两三天就擦一次，使它不起白皮，剃头后不过露点红斑，虽说皇上召见也没有妨碍，但除了头顶外，其他地方都不擦，因为这方子只能治标，不能治本。内人及子女都平安。

　　今年分房，同乡只有恕皆，同年只有松泉和寄云弟，不免太少。我虽然没有得差事，一切自有张罗，家中不必挂念，今天我写信很多，又是冯、李诸君出场的日子，实在没有一点闲暇，所以没有写楷书信禀告堂上，求弟弟代我说明。

　　澄弟在料理家事的余闲，要时刻看看《五种遗规》。植弟、洪弟要发奋读书，不必管家事。兄国藩草。（道光二十六年三月初十日）

【原文】

沅浦九弟左右：

十四日接弟初七夜信，得知一切。

贵溪紧急之说确否？近日消息何如？次青非常之才，带勇虽非所长，然亦有百折不回之气，其在兄处，尤为肝胆照人，始终可感！兄在外数年，独惭无以对渠，去腊遣韩升至李家省视，其家略送仪物，又次青约成婚姻，以申永好。目下两家儿女无相当者，将来渠或三索得男，弟之次女、三女可与订婚，兄信已许之矣。在吉安，望常常与之通信，专人往返，想十余日可归也，但得次青生还与兄相见，则同甘苦患难诸人中，尚不至留莫大之愧歉耳。

昔耿恭简公谓"居官以耐烦为第一要义"，带勇亦然。兄之短处在此，屡次谆谆教弟亦在此。廿七日来书有云："仰鼻息于傀儡牺腥之辈，又岂吾心之所乐？"此已露出不耐烦之端倪，将来恐不免于龃龉。去岁握别时，曾以惩余之短相箴，乞无忘也。

李雨苍于十七日起行赴鄂，渠长处在精力坚强，聪明过人，短处即在举止轻佻，言语伤易，恐润公亦未能十分垂青。温甫弟于廿一日起程，大约三月半可至吉安也。（咸丰八年二月十七日）

沅浦九弟左右：

十四日接到你初七晚上的信，得知了一切。

贵溪紧急的说法确定属实吗？近日的消息如何呢？次青是非常难得的人才，带兵虽然不是他的长处，但是也有百折不回的气概，他在兄长处，尤其是肝胆照人，始终叫人感动佩服！兄长我在外几年，仅仅对他有点内疚，去年腊月派韩升到李家探视，他家稍微送了一点礼品，又与次青订立婚约，以表明我想和他永远通好的意思。眼下两家的儿女中没有年龄相当的人，将来他再得了儿子，弟弟的二女儿、三女儿可以与他家订婚，兄长在信里已经答应了。你在吉安要常和他通信，要是派专人往返送信的话，我想十多天就能回来了，只要次青能够活着回来与我相见，那么同甘共苦的几个人中，还不至于留下太大的遗憾。

过去耿恭简公说做官要以能耐得住烦扰为最重要的事，带兵也是一样的道理。我的短处就在于不能够耐得住烦扰，我多次谆谆告诫弟弟们的也是这一点。二十七日弟弟在来信中说："要我在那些傀儡的人们手下做事，这哪里是我心里所乐意的？"这里已暴露了不耐烦情绪的苗头，将来恐怕难免要发生矛盾和摩擦了。我在去年与你握手道别的时候，曾经以惩戒我的短处作为相送的箴言，希望弟弟不要忘记。

李雨苍于十七日起程去湖北，他的长处是精力旺盛，聪明过人，短处是举止轻佻，容易出语伤人，我担心润公不会看中他。温甫弟弟是二十一日起程的，大约三月中旬就能够到达吉安了。（咸丰八年二月十七日）

用人篇

　　曾国藩成功的奥秘之一就是对人才的重视，他曾说"行政之要，首在得人"，他用"广揽、慎用、勤教、严绳"这八个字精辟地总结了其用人的经验。他用人的哲学是：用其之长，避其之短。曾国藩主张用人应以德才兼备为第一要素，还着重强调要为自己选好得力的助手。

与沅弟书（时时不忘求人自辅）

【原文】

沅浦九弟左右：

　　四月初五日，得一等归，接弟信，得悉一切。兄回忆往事，时形悔艾，想六弟必备述之。弟所劝譬之语，深中机要。"素位而行"一章，比亦常以自警。只以阴分素亏，血不养肝，即一无所思，已觉心慌肠空，如极饿思食之状。再加以憧扰之思，益觉心无主宰、怔悸不安。

　　今年有得意之事两端：一则弟在吉安声名极好。两省大府及各营员弁、江省绅民交口称颂，不绝于吾之耳；各处寄弟书及弟与各处禀牍信缄俱详实妥善，犁然有当，不绝于吾之目。一则家中所请邓、葛二师品学俱优，勤严并著。邓师终日端坐，有威可畏；文有根柢而又曲合时趋，讲书极明正义而又易于听受。葛师志趣方正，学规谨严；小儿等畏之如神明。此二者皆余所深慰。虽愁闷之际，足以自宽解者也。第声闻之美，可恃而不可恃。兄昔在京中颇著清望，近在军营亦获虚誉。善始者不必善终，行百里者半九十里。誉望一损，远近滋疑。弟目下名望正隆，务宜力持不懈，有始有卒。

【译文】

沅浦九弟左右：

四月初五，得一等人回来，接到你的来信，就得知了一切。我回忆往事时，经常悔恨，想必六弟温甫一定详细叙述过了。你对我劝解的话切中要害。"根据自己的地位而行事"一句，过去也常用以自勉。只因平素阴虚，血不养肝，即便一无所思，也觉得心慌腹空，像是饿极了想吃东西的感觉。再加上纷乱不安的思绪，更觉得六神无主、心跳不安。

今年有两件得意的事情：一是你在吉安有极好的名声。两省省府及各军营的低级文武官员、江西士绅、百姓交口称赞之声，不断地传到我的耳中；各处寄给你的书信以及你写给各处的禀报信函都很详实妥帖，明确得当，这些也不断地出现在我眼前。二是家中请来的邓先生、葛先生都是人品、学业兼优，勤奋、严谨并重。邓先生每天端坐静思，令人敬畏；学问扎实而又能随合时代趋势，讲解古书意义非常准确而又容易听懂。葛先生志向、人品端正，教学规制严格；小孩子们怕他就像害怕神灵。这两点都是我深深感到欣慰的。即使在愁闷之时，也能自我宽慰开解。但声誉好，可以依仗却又不能依仗。我过去在京城里显示出很高威望，近来在军营里也获得了名誉。有好的开端不一定有好的结束，行一百里路的人认为九十里才是一半的路程。名誉和威望一旦受到损失，远方的人和身边的人都会产生怀疑。弟弟你眼下名望正高，务必要坚持不懈，有始有终。

【原文】 ∶∶∶∶∶∶∶∶∶∶∶∶∶∶∶∶∶∶∶∶∶∶∶∶∶∶∶∶∶∶∶∶∶∶∶∶∶∶∶

　　治军之道，总以能战为第一义。倘围攻半岁，一旦被贼冲突，不克抵御，或致小挫，则令望隳于一朝。故探骊之法，以善战为得珠，能爱民为第二义，能和协上下官绅为第三义。

　　愿吾弟兢兢业业，日慎一日，到底不懈。则不特为兄补救前非，亦可为吾父增光于泉壤矣。精神愈用而愈出，不可因身体素弱过于保惜；智慧愈苦而愈明，不可因境遇偶拂遽尔摧沮。此次军务，如杨、彭、二李、次青辈皆系磨炼出来，即润翁、罗翁亦大有长进，几于一日千里。独余素有微抱，此次殊乏长进。弟当趁此增番识见，力求长进也。

【译文】 ∶∶∶∶∶∶∶∶∶∶∶∶∶∶∶∶∶∶∶∶∶∶∶∶∶∶∶∶∶∶∶∶∶∶∶∶∶∶∶

　　治军的方法，总是以能战为最重要的。假如围攻半年，一旦被贼军冲击突围，不能抵御，或者有小的挫败，就会使名望毁于一旦。所以带兵的方法，以善战为关键，能爱护老百姓为第二重要，能和上上下下的官员、绅士协调关系为第三重要。

　　希望弟弟能兢兢业业，一天比一天谨慎，坚持到底不松懈。这样不仅能为我补救以前的过失，也可为我们九泉之下的父亲增添光辉。精力消耗了还会再产生，不要因为身体平时虚弱而过分爱惜；智慧方面越吃苦就会越聪明，不要因为境遇偶尔不顺利而马上沮丧。这次军事，像杨、彭、二李、次青等都是磨炼出来的，即使胡老先生、罗老先生也大有长进，几乎是一日千里的速度。唯独我平素虽有微小抱负，而这次却特别缺乏长进。你应当趁此机会增长见识，力求上进。

【原文】 ······························

　　求人自辅，时时不可忘此意。人才至难，往时在余幕府者，余亦平等相看，不甚钦敬。洎今思之，何可多得！弟当常以求才为急，其阘冗者，虽至亲密友，不宜久留。恐贤者不愿共事一方也。

　　澄侯弟初九日晋县，系刘月槎、朱尧阶等约去清算往年公账。泽山先生近日小疾，服黄芪两余，尚未痊愈。请甲五在曾家坳帮问背书。如再数日不愈，拟令科四来从邓先生读，科六则仍从甲五读；若渐愈，则不必耳。纪泽近亦小疾，初八日两人皆停课未作。纪泽出疹，咳嗽亦难遽期全瘳。余自四月来眠兴较好，近读杜佑《通典》，每日二卷，薄者三卷。惟目力极劣，余尚足支持。四宅大小眷口平安。定三舅爹三月十六来，四月初六归去，在新宅住四天，余住老宅。王福初十赴吉安，另有信，兹不详。兄国藩草。（咸丰八年四月九日）

【译文】 ······························

　　求人才是为了辅助自己，时刻不能忘了这个道理。人才是很难得到的，过去在我的军营中的人，我也只是平等对待，而不够敬佩。到今天想起来，哪里能轻易地得到啊！

你应当常以求得人才为急务，那些庸庸碌碌的人，即使是关系最密切的亲戚朋友，也不能长期留在那里。恐怕贤能的人才不愿意与他们一处共事。

澄侯弟初九日进县城，是受刘月槎、朱尧阶等人的约请，去清算往年公账。泽山先生近日有小病，服用黄芪一两多，还没有全好。请甲五在曾家坳帮助协同背书。如果再过几天还不好，打算让科四来跟邓先生读，科六仍然跟甲五读；如果渐渐地好起来，那就不必了。纪泽近日也得了小病，初八两个人都停课没作学。纪泽出疹子，咳嗽也难短期内治好。我从四月以来睡眠和精神比较好，近来读杜佑的《通典》，每天两卷，薄一点的读三卷。只是视力极弱，其余还能支持。全家老少家属平安无事。定三舅爹三月十六来，四月初六回去，在新宅院住了四天，其余时候都住在老院。王福初十去吉安，另附有信，此处不详叙。兄国藩草。（咸丰八年四月九日）

致沅弟季弟 （随时推荐出色人才）

【原文】

沅、季弟左右：

初七日接沅弟初三日信、季弟初二日信。旋又接沅弟初四日信。所应复者条列如左：

辅卿而外，又荐意卿、柳南二人，甚好！柳南之笃慎，余深知之，意卿亮亦不凡。余告筱、辅观人之法，以有操守而无官气，多条理而少大言为主，又嘱其求润帅、左、郭及沅荐人。以后两弟如有所见，随时推荐，将其人长处短处一一告知阿兄，或告筱荃。尤以习劳苦为办事之本，引用一班能耐劳苦之正人，日久自有大效，无以"不敢冒奏"四字塞责。季弟言"出色之人，断非有心所能做得"，此语确不可易。名位大小，万般由命不由人，特父兄之教家，将帅之训士，不能如此立言耳。季弟天分绝高，见道甚早，可喜可爱！然办理营中小事，教训弁勇，仍宜以"勤"字作主，不宜以"命"字谕众。

　　润帅先几陈奏以释群疑之说，亦有函来余处矣。昨奉六月廿四日谕旨，实授两江督兼授钦差大臣，恩眷方渥，尽可不必陈明。所虑者，苏、常、淮、扬，无一枝劲兵前往。位高非福，恐徒为物议之张本耳。

　　余好出汗，沅弟亦好出汗，似不宜过劳，宜常服密耆。京茸已到，日内专人送去。（咸丰十年七月初八日）

【译文】

沅浦弟、季洪弟左右：

　　初七时接到沅浦弟初三日的信、季洪弟初二日的信。不久又接到沅浦弟初四日的信。应该答复的事情列在下面：

　　除了辅卿以外，又推荐意卿、柳南两位，很好！柳南的诚笃谨慎，我很了解，意卿看来也不同凡响。我告诉筱、辅观察人的方法，主要是爱憎分明、有原则而没有官气，办事有条有理而不是口出狂言，又嘱咐他求胡润芝帅、左季高、郭筠仙，以及沅浦弟荐人。以后两位弟弟如果有所发现，随时推荐，把推荐人的长处短处，一五一十地告诉兄长，或者告诉筱荃。尤其是应以习惯于劳苦为办事的根本，任用一班能吃苦耐劳的正人君子，时间久了自然可以看见大的效应，不要用"不敢冒奏"四个字搪塞。季洪弟说出色的人绝不是有心做得出来的，这话是至理不可更改。名声和官位的大小，万般都是由于天命而不由人定的，只是父兄教导家庭、将帅训导士兵不能这么说罢了。季弟天分很高，见道很早，可喜可爱！然而处理军营中的小事，教训士兵，仍然应以劝导勤奋为主，不适宜以命令口吻来训谕大家。

胡润芝帅几次陈奏以解释大家的疑问，也有信件发到我这里。昨天接到六月二十四日的谕旨，实授两江总督，兼授钦差大臣，皇上的恩典如此隆重，如此受到信任，尽可以不必陈明。所忧虑的是苏、常、淮、扬，没有一支强有力的军队去。职位高并不是福，恐怕只是人们议论的源头罢了。

我爱出汗，沅浦弟也爱出汗，似乎不适宜过分劳累，应该经常服用蜜炙黄芪。京茸已经拿到，这几天里派专人送去。（咸丰十年七月初八日）

致九弟（宜多选好替手）

【原文】

沅弟左右：

水师攻打金柱关时，若有陆兵三千在彼，当易得手。保彭杏南，系为弟处分统一军起见。弟军万八千人，总须另有二人堪为统带者，每人统五六千，弟自统七八千，然后可分可合。杏南而外，尚有何人可以分统，亦须早早提拔。

办大事者以多选替手为第一义。满意之选不可得，姑节取其次，以待徐徐教育可也。（同治元年四月十二日）

【译文】

沅浦弟左右：

水师攻打金柱关的时候，如果有陆军三千人在那里，会容易得手。保举彭杏南，是为弟弟那里分别统率一军起见。弟弟一军共一万八千人，总要另外有两人可以胜任统带的，每人统五六千人，弟弟自己统带七八千人，然后可以分可以合。杏南以外，还有谁可以分统也要早早地提拔。

办大事的人以多选接替人手为第一要义。满意的人选不到，可以姑且选其次，慢慢地教育培养。（同治元年四月十二日）

书 目